Ich danke allen, die durch die Weitergabe ihrer persönlichen Erfahrungen mit dem österreichischen Schulsystem an mich dieses Buch erst möglich gemacht haben.

Der Autor

Eisenstadt, im Oktober 2015

Siegfried Flamisch

System Schule

Warum die Reformen scheitern müssen

Bibliografische Information der Deutschen Nationalbibliothek:
Die Deutsche Nationalbibliothek verzeichnet diese Publikation in der Deutschen Nationalbibliografie; detaillierte bibliografische Daten sind im Internet über http://dnb.dnb.de abrufbar.

Herstellung und Verlag: BoD – Books on Demand, Norderstedt

ISBN: 9783735751232

Inhaltsverzeichnis

Mehr als ein Vorwort

Ich habe dieses Buch aus drei Gründen geschrieben.

Zum Ersten ist es meine ganz persönliche Therapie, den Ärger abzubauen, der sich in meiner jahrelangen Tätigkeit im österreichischen Schulsystem angesammelt hat. Frei nach Cervantes: wer den Kampf gegen die Windmühlen nicht gewinnen konnte, der soll zumindest etwas davon erzählen. So gesehen ist dieses Buch sicher ein sehr persönliches.

Zum Zweiten möchte ich diejenigen informieren, die das System Schule nur als Außenstehende erleben und darauf angewiesen sind, das zu glauben, was da täglich in den Medien als „Wahrheit" transportiert wird. Da werden viel zu oft Aussagen von Politikern und „Experten" ungeprüft übernommen und weitergegeben.

Es ist ja erstaunlich, mit welcher Selbstsicherheit manche „Bildungsexperten" ihre Theorien verbreiten, ohne dass sie selbst jemals in einer Klasse gestanden sind. Psychologen, Journalisten, Politiker, Juristen –

sie alle wissen offensichtlich ganz genau, was unsere Lehrer in den Klassen alles falsch machen.

Um aber eines gleich vorweg klarzustellen: das ist kein Buch zur Verteidigung der armen Lehrer – es gibt auch in diesem Stand genug schwarze Schafe. Manche meiner Ex-Kolleginnen und Kollegen werden mich nach der Lektüre dieses Buches vielleicht nicht mehr grüßen …

Es ist mir in den letzten Jahren auch bewusst geworden, wie wenig die verschiedenen Lehrergruppen, wie etwa Volksschullehrer und beamtete AHS-Bundeslehrer vom Alltag und von den Problemen „der Anderen" wissen. Wenn man etwa vom „Lehrerdienstrecht" spricht, muss man in Österreich ja zumindest drei verschiedene umfangreiche Gesetzessammlungen betrachten. Kein Wunder, dass es da schon innerhalb der Lehrerschaft Kommunikationsprobleme gibt.

Vielleicht bringt dieses Buch auch mehr Verständnis für die „anderen" Lehrer.

Der dritte Grund für das Schreiben dieses Buches war, dass bei den Diskussionen um notwendige Reformen im Schulbereich ein wesentlicher Faktor meiner Meinung nach viel zu wenig berücksichtigt wurde: die radikale Veränderung und Digitalisierung unserer Gesellschaft in den letzten drei Jahrzehnten.

Reformen ohne Berücksichtigung der komplexen Wechselwirkungen zwischen Schule und Gesellschaft sind aber von vornherein zum Scheitern verurteilt.

Die Schule ist kein abgeschlossenes Ökosystem, das man unabhängig vom Rest der Welt betrachten und mit dem man beliebig herumexperimentieren kann. Gerade das wird aber in den letzten Jahren immer wieder versucht.

Ich habe mich trotz der vielen verarbeiteten persönlichen Erfahrungen bemüht, ein möglichst sachliches Buch zu schreiben. Es soll vor allem deutlich machen, welche Wurzeln der Reformstau in unserem Bildungssystem eigentlich hat.

Alle konkreten Fälle, die ich hier beispielhaft schildere, habe ich entweder persönlich erlebt oder aus zuverlässigen, mir persönlich bekannten Quellen. Es handelt sich also nicht um Verschwörungstheorien. Es ist manchmal wirklich so schlimm…

Als langjähriger kritischer Beobachter unseres Schulsystems befürchte ich, dass die in letzter Zeit gestarteten Reformen – von der Gesamtschule über die Zentralmatura bis hin zum „neuen" Lehrerdienstrecht – nicht das bringen werden, was eigentlich notwendig wäre.

In typisch österreichischer Manier werden derzeit wieder halbherzige und parteipolitisch gesteuerte Miniaturreformen in Angriff genommen. Eine wirksame Verbesserung unseres Bildungssystems könnte aber nur Hand in Hand mit tiefgreifenden politischen und gesellschaftlichen Änderungen erreicht werden. Vielleicht kann dieses Buch einige Denkanstöße dazu liefern.

Anstatt eines Quellenverzeichnisses …

In einem Zeitalter, in dem sowieso über 80 Prozent der Sachbuchveröffentlichungen durch „Copy &

Paste“ entstehen, verzichte ich bewusst auf ein Quellenverzeichnis im Anhang.

Erstens erhebt dieses Buch nicht den Anspruch, ein wissenschaftliches Werk zu sein, und zweitens sind hier vor allem persönliche Erfahrungen und Eindrücke niedergeschrieben.

Deswegen erlaube ich mir auch, in der erzählenden „Ich-Form“ zu schreiben.

Vielleicht noch einige Details zu den Quellen: ich selbst bin erst mit 36 Jahren aus der Industrie über die Erwachsenenbildung in das berufsbildende Schulwesen gekommen. Meine Schwester unterrichtet an einer steirischen Volksschule, mein Schwager an einer Neuen Mittelschule, einer meiner Söhne ist AHS-Lehrer an einem Wiener Gymnasium und eine Schwägerin von mir unterrichtet an einer landwirtschaftlichen Fachschule. Einer meiner engsten Freunde war bis zu seinem Tod Landesschulinspektor im AHS-Bereich und ein befreundeter Ex-Kollege ist seit

Jahren als Spitzenfunktionär in der Personalvertretung der Lehrer tätig.

So gesehen habe ich sehr viele Informationen aus den unterschiedlichsten schulischen Bereichen aus erster Hand bekommen und hier verarbeiten können.

Einige von ihnen haben wahrscheinlich schon öfter Publikationen zu Bildungsthemen gelesen, in denen immer wieder dieselben Worthülsen, dieselben zitierten Studien und viel zu viele abgehobene theoretische Begriffe aufgetaucht sind. Noch ein weiteres Buch dieser Art sollte das hier nie werden.

Thema Political Correctness

Etwas vorweg, das mir auch sehr wichtig ist: ich habe bewusst darauf verzichtet, meinen Text konsequent zu gendern. Wenn von „Schülern" oder „Lehrern" geschrieben wird, dann sind zumeist - aus dem Kontext ersichtlich – auch die „Schülerinnen" und „Lehrerinnen" damit gemeint. Ich hoffe, meine Leserinnen können mir das verzeihen.

Ich kann ihnen nur versichern, dass der Grund dafür im rein sprachlichen Bereich liegt. „Vorschriftsmäßig“ gegenderte Publikationen habe ich schon einige Male genervt aus der Hand gelegt, weil sie für mich einfach nicht mehr flüssig lesbar waren und die Ästhetik der deutschen Sprache für mein Sprachgefühl empfindlich beeinträchtigt wurde.

Ich habe mit Frauen in unserem Bildungssystem – auch in leitenden Funktionen – sehr gute Erfahrungen gemacht und ich möchte nicht, dass hier ein anderer Eindruck entsteht.

Auch wenn in diesem Buch nur kurz von den „Eltern“ geschrieben wird, sind normalerweise (und falls nicht explizit unterschieden), genauso alle Erziehungsberechtigten, alle alleinerziehenden Mütter und Väter, alle gleichgeschlechtlichen Ehe- und Lebensabschnittspartner und was es heute sonst noch alles gibt, gemeint.

Political Correctness kann für einen Autor ansonsten recht mühselig werden …

Die Lehrer – lauter faules Gesindel - oder doch nicht?

Dieses Kapitel steht nicht zufällig an erster Stelle. Wenn über die Schule diskutiert wird, stehen die Lehrer immer als erste im Rampenlicht und müssen auch von allen Seiten sofort Kritik einstecken.

Durch viele unsachliche und den Neid schürende Berichte in den Boulevardmedien wird einer außenstehenden Person leicht der Eindruck vermittelt, die Lehrer seien eigentlich alle überbezahlte Faulenzer.

Wer kennt nicht die Schlagzeile „*Die Lehrer sollen mehr arbeiten!*".

Wer hat noch nicht in seiner Kaffeehausrunde diese Sprüche gehört:

„*Ein Lehrer mit Burn-Out? Ha ha ha …*" oder

„*Es gibt ja zwei Gründe, wieso jemand Lehrer wird - Juli und August!*"

Vor allem die langen Ferien und die scheinbar kürzere Arbeitszeit werden ja immer wieder gerade von jenen Menschen für Neiddebatten herausgepickt, die sich kaum jemals mit dem detaillierten Berufsbild und den Randbedingungen des Lehrerdaseins beschäftigt haben.

Und negative Erfahrungen mit einem einzigen Lehrer werden da in Internetforen und Blogs von solchen Menschen oft gleich auf eine ganze Berufsgruppe projiziert. Wenn dann schließlich noch ein Wiener Bürgermeister mit einem saudummen Kommentar zu diesem Thema in Vorwahlkampfzeiten noch einige Stimmen fangen möchte, macht mich das echt zornig. Das haben die meisten unserer Lehrerinnen und Lehrer einfach nicht verdient.

Bei so einer Trendmache ist es eigentlich verwunderlich, dass die Lehrer bei direkten Umfragen unter Eltern und Schülern meist deutlich besser wegkommen, als es dem medialen Bild entspricht. Bei einer Bewertung nach dem Schulnotensystem liegt der Großteil doch zwischen „Gut" und „Befriedigend".

Analysiert man die Wochenarbeitszeit eines Lehrers wirklich einmal objektiv, stößt man aber auf das Phänomen, dass sich individuell derartig gravierende

Unterschiede ergeben, wie sie sonst wohl bei keiner anderen Berufsgruppe zu finden sind.

Hier von einer halbwegs gleichen „Normalarbeitszeit" aller Lehrer zu sprechen, geht eindeutig an der Realität vorbei.

Es gibt tatsächlich Lehrer, die beim „Normalgehalt" nicht mehr als 25 Stunden in der Woche für die Schule arbeiten. Die sind aber eindeutig in der Minderzahl. Gerade diese werden aber in manchen Medien gerne als der Normalfall präsentiert.

Es gibt aber genauso diejenigen Lehrerinnen und Lehrer, die bei gleichem Gehalt 40 und mehr Stunden in der Woche für die Schule tätig sind.

Wir haben also derzeit im Schulbereich ein Entlohnungssystem, das absolut nicht leistungsgerecht ist und damit keinerlei finanziellen Anreiz für bessere Leistungen oder Mehrarbeit bietet. Selbst die Aufteilung der sogenannten „Mehrdienstleistungen", d.h. etwaiger zur Verfügung stehender Überstunden für

Pädagogen, kann vom Direktor nicht nach leistungsorientierten Gesichtspunkten vorgenommen werden.

Hier wird einerseits vom Landesschulrat und andererseits von der Personalvertretung immer wieder „steuernd" d.h. möglichst nivellierend eingegriffen.

Das heißt, ein Lehrer, der mehr Unterrichtsstunden halten möchte, darf das in Österreich oft gar nicht!

Dazu kommt noch das derzeitige Dienstrecht für Vertragslehrer und Beamte, das es einem Direktor sehr schwierig macht, sich von einem faulen oder ungeeigneten Lehrer zu trennen. Die Entscheidung dazu fällt ja nicht der Direktor selbst, sondern wird noch immer im Landesschulrat bzw. Stadtschulrat getroffen. Doch dazu an anderer Stelle mehr.

Was sind überhaupt „gute" und was „schlechte" Lehrer? Das ist sicher eine Frage, die nicht so einfach zu beantworten ist. Sie ist aber von zentraler Bedeutung für die Ausbildung künftiger Lehrergenerationen und ich möchte zumindest einen Versuch machen, sie hier zu beantworten.

Damit Hand in Hand geht wohl die Frage, wie viele von jeder Sorte Lehrer es derzeit eigentlich gibt.

Auch zu diesem Prozentsatz soll in einer – natürlich sehr persönlichen Einschätzung – zumindest eine Diskussionsgrundlage geliefert werden.

Die „guten" Lehrer (25%)

Ihre Kennzeichen:

Sie sind überdurchschnittlich engagiert, haben Freude am Beruf, geben dies auch im Unterricht weiter, loben häufig und kritisieren selten, bereiten sich gewissenhaft vor und machen freiwillig bei vielen Schulaktivitäten mit. Sie können den Großteil ihrer Schüler motivieren und einige sogar begeistern. Sie gestalten selbst immer wieder neue Unterrichtsmittel (die dann gerne von anderen Kolleginnen und Kollegen verwendet werden).

Sie korrigieren Hausübungen, Tests und Schularbeiten gewissenhaft. Sie arbeiten bei einer Unterrichtstätigkeit von etwa 20 „gehaltenen" Stunden in der Regel bis zu vierzig und mehr Stunden in der

Woche für die Schule. Sie fordern von den Schülern Leistung ein und anerkennen deren Bemühungen, auch wenn sie nicht zu Spitzenleistungen führen. Damit geben sie auch schwächeren Schülern Selbstvertrauen.

Sie sind die eigentlichen Träger unseres Schulsystems und sorgen dafür, dass der Karren überhaupt noch läuft. Wenn es nicht so böse wäre, könnte man sie glatt als die „Lastesel" unseres Systems bezeichnen.

Das sind mit Sicherheit auch diejenigen Lehrer, die Jahre später noch die besten Kritiken von ihren Ex-Schülern bekommen.

Die „durchschnittlichen" Lehrer (50%)

Ihre Kennzeichen:

Sie machen „Dienst nach Vorschrift", und bemühen sich dabei, den persönlichen Zeitaufwand auf das Notwendige zu beschränken. An Unterrichtsmitteln wird – wenn möglich - das verwendet, was man schon seit Jahren kennt oder was Kolleginnen und Kollegen schon gut vorbereitet haben. Hausübungen,

Tests und Mitarbeitskontrollen und Prüfungen werden zwar gesetzeskonform durchgeführt und nach der Leistungsbeurteilungsverordnung benotet.

Sie sind aber nicht immer fähig oder willens, wirkliche Begeisterung für ihr Fachgebiet zu wecken.

Bei Schulveranstaltungen machen sie zwar als Begleitlehrer oder Betreuer mit, es kommen aber eher selten eigene Impulse oder freiwillige Meldungen.

In der Gruppe der Lehrer in der Sekundarstufe (für die Zehn- bis Neunzehnjährigen) ist die tatsächliche Wochenarbeitszeit bei den „durchschnittlichen" Lehrern am stärksten gegenstandsabhängig. Lehrer in betreuungsintensiven Gegenständen wie Deutsch, Mathematik, Englisch, usw. kommen auch in dieser Gruppe durchaus auch auf eine Arbeitszeit von 40 Stunden pro Woche. Bei vielen anderen Gegenständen liegt die wöchentliche Arbeitszeit nach meinen Beobachtungen aber doch deutlich unter diesem Wert, obwohl das von Personalvertretern und der Gewerkschaft in der Öffentlichkeit immer heftig bestritten wird.

Ich möchte nochmals klarstellen, dass es sich deswegen nicht unbedingt um wirklich schlechte Lehrer handelt – viele der Unterschiede in der Arbeitszeit sind einfach gegenstandsbedingt.

Dass für diesen Ausgleich in den höheren Schulen auch im neuen Lehrerdienstrecht lediglich maximal 4 Wochenstunden vorgesehen sind, geht eindeutig an der Realität vorbei!

In dieser Gruppe der „Durchschnittlichen" sind oft auch Lehrerinnen und Lehrer zu finden, die am Anfang ihrer Dienstzeit mit großem persönlichem Einsatz engagiert waren, aber im Laufe der Jahre vom System so mürbe gemacht und desillusioniert wurden, dass sie deswegen jetzt auch nur mehr „Dienst nach Vorschrift" machen.

Die „schlechten" Lehrer (25%)

Ihre Kennzeichen:

Ihre Schüler interessieren sie eigentlich nicht. Sie motivieren und fördern nicht. Sie machen im Unterricht oft nicht einmal das geforderte Minimum. Sie geben z.B. Hausübungen, ohne sie jemals zu korrigieren. Sie verwenden meist nur bereits vorhandene, oft auch fremde Unterlagen und Hilfsmittel im Unterricht. Sie versuchen sich bewusst vor Supplierstunden und ergänzenden Aktivitäten wie Wandertagen oder Projektwochen zu drücken.

Erstaunlicherweise sind das oft gleichzeitig diejenigen Kolleginnen und Kollegen, die nach Abschluss eines Projekts immer ganz genau wissen, wie es besser gegangen wäre …

Es ist auch typisch für die Angehörigen dieser Gruppe, dass sie sich oft selbst für ganz brauchbare Lehrer halten.

Um Probleme oder Mehrarbeit zu vermeiden, spielen sie in der Klasse manchmal die „Kumpelrolle", fordern zu wenig an Leistung oder schenken sogar bewusst Noten her. Schüler fühlen sich bei ihnen trotzdem oft ungerecht beurteilt. Einige dieser Lehrer verhalten sich respektlos oder gar beleidigend und demotivieren auch dadurch ihre Schüler.

Manchmal sind solche Lehrer auch mit ihren eigenen Problemen stark belastet und sind schon deswegen für den Lehrberuf ungeeignet.

Bei einer Unterrichtstätigkeit von bis zu 24 „gehaltenen" Unterrichtseinheiten (je nach Gegenstand) kommen sie selten auf eine Wochenarbeitszeit, die wesentlich darüber liegt.

Fazit: wenn in der Öffentlichkeit immer wieder gefordert wird, dass „alle Lehrer mehr arbeiten sollen", dann geht das eindeutig an der wirklichen Problematik vorbei. Das soll hier auch einmal gesagt werden.

Übrigens: ob ein Lehrer gut oder schlecht arbeitet, können in erster Linie Schüler (ab der Sekundarstufe), Eltern, Lehrerkollegen und nach den entsprechenden Evaluierungen auch die unmittelbaren Vorgesetzten beurteilen – aber sicher nicht eine Person der sogenannten „Schulaufsicht" (z.B. ein Schulinspektor), die den Lehrer vielleicht einmal im Unterricht besucht hat.

Die oben aufgezählten Probleme löst man nicht dadurch, dass man in einer „österreichischen" Lösung generell allen Lehrern mehr Unterrichts- oder Betreuungsstunden verordnet.

Dass der Aufschrei der Lehrergewerkschaft beim Thema „Erhöhung der Wochenarbeitszeit" besonders laut ausfällt, verwundert aber nicht. Fordern Sie einmal von irgendeiner anderen Berufsgruppe z.B. den Eisenbahnern, den Ärzten oder den Bankangestellten, sie sollen um dasselbe Gehalt um zwanzig Prozent länger arbeiten. Da wäre ja wohl auch Feuer am Dach...

Interessant in diesem Zusammenhang ist ein Vergleich der öffentlichen Reaktionen, wenn verschiedene Berufsgruppen arbeitsrechtliche Korrekturen fordern. Beobachten sie einmal, wie die Medien reagieren, wenn z.B. die Ärzte höhere Grundgehälter fordern und zu diesem Zweck streiken. Keine Wortmeldungen wie „das geht gegen die Patienten" obwohl deswegen sogar Operationen verschoben wurden.

Bei einem Lehrerstreik käme da wohl wie das Amen im Gebet die passende Schlagzeile in der „Krone": *Lehrer streiken auf Kosten unserer Kinder!*

Dagegen keine bösen Kommentare, wenn auf die Forderung, auch Ärzte müssten kontrolliert werden, die Ärztekammer sich mit fadenscheinigen Argumenten vehement dagegen wehrt. Und vollstes mediales Verständnis, wenn da 20 Prozent mehr Grundgehalt gefordert wird – übrigens mit dem recht einfachen Argument „*nach der Arbeitszeitreform verdienen wir zu wenig*".

Und wenn jetzt jemand behauptet, Ärzte und Lehrer könnte man überhaupt nicht miteinander vergleichen, dann muss ich ihm in einigen Details sogar zustimmen. Die Burnout-Rate ist zum Beispiel bei den Lehrern schon höher als bei den Ärzten …

Aber das soll jetzt nicht in einen Feldzug gegen andere Berufsgruppen ausarten. Ich hätte nur gerne, dass auch der Berufsgruppe der Lehrerinnen und Lehrer in den Boulevardmedien eine gleichwertige Berichterstattung zuteil wird…

Zurück zur Arbeitszeit der Lehrer. Eine Unterrichtseinheit dauert derzeit üblicherweise noch 50 Minuten und keine volle Stunde. Die Pausen zwischen den Stunden sind normalerweise gerade ausreichend für Zusammenräumen, Klassenwechsel und Auspacken und haben mit geschenkter Zeit aber rein gar nichts zu tun. Ein schneller Kaffee oder eine Zigarette gehen sich höchstens einmal pro Halbtag aus. Viele Angehörige anderer Berufsgruppen würden da wohl schon ordentlich meckern…

Die Auffassung, dass eine Blockung von Stunden für bestimmte Gegenstände sinnvoll ist, wird von mir durchaus geteilt. Bei Tätigkeiten, die hohe Konzentration bei Lehrern und Schülern verlangen, wie z.B. beim Mathematikunterricht, sollte diese Blockung aber maximal zwei bis drei Stunden betragen, weil sie sonst kontraproduktiv wirkt. Die 50-Minuten-Stunde hat ja durchaus auch ihre Vorteile, obwohl sie von manchen „Experten" derzeit geradezu verteufelt wird. Ein rechtzeitiger Themen- und Lehrerwechsel kann den Schülern in einer höheren Schule schon dabei helfen, einen langen Unterrichtstag durchzustehen. Auch bei unseren Jüngsten verhindern rechtzeitige Themenwechsel das „Abschalten".

Die Unterrichtseinheit bzw. einen „Stundenraster" generell zu verurteilen, ist unsinnig. Würde die Unterrichtszeit ohne Strukturierung völlig frei gestaltet werden können, so wie es manchmal gefordert wird, wäre die Organisation einer größeren Schule praktisch unmöglich. So etwas wird ja meist von Menschen gefordert, die denken, man könne eine große Schule mit den bei uns üblichen personellen und räumlichen Problemen genauso führen wie eine Waldorf - Kindergartengruppe ...

Die Norm-Lehrverpflichtung für Lehrer an AHS und BHS betrug früher 20 „Werteinheiten" (und nicht Stunden oder Unterrichtseinheiten), nach dem neuen Dienstrecht sind es 20 bis 24 gehaltene Unterrichts- oder Betreuungseinheiten.

Früher musste ein Sport- oder Werkerziehungslehrer in der Oberstufe zur Erfüllung seiner Lehrverpflichtung etwa 23 oder mehr Unterrichtseinheiten halten, ein Deutsch- oder Englischlehrer etwa 18.

Diese Einteilung der verschiedenen Gegenstände in die so genannten „Lehrverpflichtungsgruppen" hat nach wie vor den Sinn, die Mehrbelastung durch Vor- und Nachbereitung z.B. in Schularbeitsgegenständen auszugleichen – sie spiegelt aber leider überhaupt nicht die tatsächlichen Verhältnisse wieder, wie schon oben im Detail ausgeführt wurde.

Daher sind auch mit dem neuen Lehrerdienstrecht viele Kenner unseres Schulsystems absolut unzufrieden, weil damit diese zwei Kernprobleme weiterhin ungelöst bleiben:

- völlig unterschiedliche Leistungen werden gleich bezahlt, und
- schlechte Lehrer werden durch das System geschützt.

Der letzte Punkt hat vor allem damit zu tun, dass trotz der vielzitierten Schulautonomie die Direktoren noch immer nicht eigenverantwortlich entscheiden können, mit welchen Lehrern sie arbeiten möchten, und mit welchen nicht.

Die Dienstverträge werden ja noch immer von den Landesschulräten (bzw. vom Stadtschulrat in Wien) ausgestellt bzw. gekündigt.

Wobei eine Kündigung eigentlich eine absolute Seltenheit darstellt. Die Juristen des Landesschulrates vermeiden in der Regel Konflikte vor einem Arbeitsgericht, daher wählen sie oft den für sie bequemeren Weg: ein ungeeigneter Lehrer wird dann lediglich von einer Schule in eine andere versetzt …

Die Entscheidung darüber, wer eingestellt, bzw. wer gekündigt wird, liegt also noch immer nicht beim Direktor einer Schule, sondern sie wird im Landesschulrat von Personen getroffen, die den betreffenden Lehrer oft nicht einmal persönlich kennen.

Auch die wiederholt vom Ministerium vollmundig angekündigte „neue Variante" bringt den Direktoren keine echte Autonomie. Es ist wieder einmal nur ein Etikettenschwindel geworden, bei dem auch in Zukunft die endgültige Entscheidung bei einer Anstellung noch bei den Landesschulräten bzw. dem Stadtschulrat liegen wird. Anders würden ohne zusätzliche flankierende Maßnahmen die „schwierigen Schulen" wohl auch nicht genug Lehrer bekommen. Den Schulen echte personelle Autonomie zu geben ohne die

Randbedingungen gravierend zu verändern, wird so nicht funktionieren.

Begleitend dazu müssten selbstverständlich auch die Direktoren basisdemokratisch gewählt werden, es müsste zusätzliche finanzielle Anreize geben, in „schwierigen Schulen" zu unterrichten und besonders engagierte Lehrer müssten auch mehr verdienen als der Durchschnitt.

Außerdem wissen Kenner des österreichischen Systems, dass sich die Landesschulräte das politische Machtinstrument der Postenvergabe wohl nicht so ohne weiteres aus der Hand nehmen lassen werden. Dazu später mehr.

Problemlehrer, denen eine Kündigung droht, suchen oft Hilfe bei der Personalvertretung bzw. bei der Gewerkschaft.

Vorweg: ich halte beide Einrichtungen für wichtig. Sie sind als Interessensvertretung aller Lehrerinnen und Lehrer gegenüber dem Dienstgeber unverzichtbar – so wie in anderen Berufsgruppen auch.

Ich verstehe nur manche Personalvertreter nicht, die mit allen Mitteln versuchen, offensichtlich ungeeignete Kolleginnen und Kollegen zu „retten", meist natürlich über irgendeine parteipolitische Schiene, um ja nicht einen Wähler zu verlieren. Man tut aber weder den Schülerinnen und Schülern, noch der Mehrheit der ordentlich arbeitenden Kolleginnen und Kollegen einen guten Dienst damit.

Die Anstellungspraxis in den höheren Schulen sieht derzeit noch so aus, dass Neulehrer zumindest für ein Schuljahr einen befristeten Vertrag bekommen, wo das Dienstverhältnis dann von beiden Seiten relativ leicht – durch Nichtverlängerung – gelöst werden kann. Nach spätestens 5 Jahren durchgehender Beschäftigung müsste dann der befristete (d.h. jährlich neu anzusuchende) Vertrag durch den Landesschulrat in einen unbefristeten umgewandelt werden. Aber selbst wenn ein Direktor innerhalb der ersten fünf Jahre erkennt, dass er einen ungeeigneten Lehrer an der Schule hat, hat er kaum Chancen diesen los zu werden, weil ja letztendlich noch immer der Landesschulrat bzw. Stadtschulrat in letzter Instanz über die Vertragsverlängerung entscheidet.

Und bevor es Probleme im Land mit zu wenigen Lehrern gibt, werden im Zweifelsfall halt auch weniger geeignete weiterbeschäftigt. Den „schwarzen Peter" haben damit wieder die Schulen, ohne sich wirklich dagegen wehren zu können. Ohne echte und umfassende Schulautonomie wird sich da in Zukunft kaum etwas ändern.

Für alle Beteiligten am besten wäre es ja, wenn für den Lehrberuf ungeeignete Personen gar nicht erst in das System Schule kämen.

Es wurden kürzlich die Weichen für die neue Lehrerausbildung gestellt. Im Grunde genommen geht es dabei im Hintergrund wie so oft im österreichischen Bildungssystem um Parteipolitik, um Machtstrukturen und um Geld.

Dürfen es die bundesfinanzierten UNIs oder die ländernahen Pädagogischen Hochschulen machen?

Derzeit gibt es wieder eine „österreichische" Lösung – natürlich dürfen es beide machen. In „freiwilligen Kooperationen", wie immer die auch aussehen mögen.

Wieder einmal eine Lösung nach dem Motto: nur keine Entscheidung treffen, die irgendeinen Wähler verärgern könnte! Und vor allem: kein zusätzliches Geld in die Hand nehmen!

Leider ist dabei wieder völlig untergegangen, dass die Ausbildungsinhalte selbst noch immer dringend reformbedürftig sind. Meiner Meinung nach müsste sich das erste Semester der Lehrerausbildung hauptsächlich damit befassen, zu selektieren, wer für den Lehrberuf geeignet ist und wer nicht.

Stattdessen gibt es derzeit bei einigen Unis einen Aufnahmetest für zukünftige Lehrerinnen und Lehrer, bei dem u.a. überprüft wird, ob man sich schon mit dem Lehrplan beschäftigt hat (!), was natürlich für eine echte Vorselektion absolut ungeeignet ist.

Und man wird übrigens in den meisten Bundesländern derzeit auch genommen, wenn man beim Test durchfällt, weil man ja dringend Neulehrer braucht. Wirklich sehr sinnvoll!

Im berufsbildenden Schulwesen habe ich sehr viele Kolleginnen und Kollegen kennengelernt, die aus der Wirtschaft gekommen sind oder noch dort tätig waren, während sie bereits an unserer Schule unterrichtet haben.

Sie werden von manchen Kollegen geringschätzig „Schmalspurpädagogen" genannt, weil sie kein Lehramtsstudium absolviert haben.

Meine Erfahrung hat aber gezeigt, dass eine mehrjährige pädagogische Ausbildung noch lange keine Garantie für die Produktion guter Lehrer ist.

Viele dieser „Schmalspurpädagogen" waren eindeutig bessere Lehrer als manche Kollegin oder mancher Kollege mit „echter" Lehramtsausbildung.

Was gute Lehrer nämlich wirklich ausmacht ist vor allem ihr Charakter und ihre soziale Kompetenz.

Gute Lehrer mögen ihre Schüler und die Kollegen (zugegeben: nicht immer alle…), sind seelisch ausgeglichen und damit auch in Stresssituationen belastbar. Sie können auch komplexe Inhalte einfach und verständlich vermitteln.

Solange man diese Charaktereigenschaften und Fähigkeiten aber nicht im ersten Studienabschnitt ausgiebig testet und entsprechend selektiert, wird das System nach wie vor auch ungeeignete Lehrer produzieren.

Eine pädagogische Ausbildung kann einige Grundlagen und didaktisch-handwerkliche Tipps vermitteln, die prinzipielle Eignung für eine Lehrtätigkeit aber sicher nicht.

Daher ist auch ein akademischer Abschluss überhaupt kein Garant für eine Eignung. Dass ein Werkstättenlehrer in der Tischlerei oder eine Hauswirtschaftslehrerin unbedingt einen Bachelor- oder gar Master-Abschluss braucht, entzieht sich sowieso meinem Verständnis.

Aber das wurde von der Gewerkschaft sicher nur durchgeboxt, um auch für diese Lehrtätigkeit eine höhere Gehaltsstufe einfordern zu können. Hier haben wir wieder das gleiche typisch österreichische Prinzip: nicht die Leistung eines Lehrers bestimmt sein Gehalt, sondern lediglich sein akademischer Grad und sein Dienstalter.

Noch etwas zum Thema „schulfeste Stelle" und Pragmatisierung.

Im derzeitigen Lehrer- bzw. Beamtendienstrecht haben wir noch immer die Situation, dass ein Lehrer mit einer „schulfesten Stelle" auf diese selbst dann noch Anspruch hat, wenn er bis zu 10 Jahre lang (!) in Karenz war! Das ist auch so ein Anachronismus, der in einem modernen Dienstrecht nichts verloren hat. Hier sind wohlgemerkt nicht der Mutterschutz oder eine krankheitsbedingte Abwesenheit gemeint!

Was die Beamten unter den Lehrern betrifft, wird wohl bei der nächsten Verwaltungsreform für alle österreichischen Beamten gemeinsam eine zeitgemässe Lösung gefunden werden müssen.

Dass Lehrer, Polizisten oder Berufssoldaten unbedingt Beamte sein müssen, ist ein Relikt der Monarchie und heutzutage sicher nicht mehr notwendig. Dieser Umstand hat ja dem österreichischen Bundesheer rund 200 Generäle und explodierende Personalkosten beschert. Mit Recht sollten daher die Übernahmen in den Beamtenstatus in allen Berufsgruppen seit 2000 reduziert werden. Im Bundesdienst hat das ja noch so leidlich funktioniert, in einigen Bundeländern dafür überhaupt nicht – da ist die Anzahl der Beamten in den letzten zehn Jahren noch deutlich gestiegen.

Alleine die Unterschiede zur ASVG-Pension haben den Beamten immer wieder Neid und Kritik in der Öffentlichkeit eingebracht – oft allerdings auch ungerechtfertigt. Hier werden noch immer von schlecht informierten Leuten Äpfel mit Birnen verglichen. Dem Vorteil der etwas höheren Bezüge bei der Pensionsregelung der Beamten stehen ja durchaus auch einige Nachteile gegenüber, wie z.B. die höheren Beitragsgrundlagen im aktiven Dienst, keine Abfertigung, späterer Pensionsantritt für Frauen, usw.

Auch noch ein Wort zu den unterschiedlichen Grundgehältern der Lehrkräfte an den verschiedenen Schultypen. Von der Volksschule bis zur Pädagogischen Hochschule gibt es da ja derzeit noch eine gewaltige finanzielle Spanne. In einer Tiroler AHS-

Oberstufe zu unterrichten war pädagogisch aber sicher einfacher als in einer Wiener Hauptschule mit fünfzig oder mehr Prozent Schülern mit Migrationshintergrund.

Und ein Lehrer, der Erwachsenenbildung betreibt, wie z.B. an einer pädagogischen Hochschule, hat es im Unterricht eigentlich viel einfacher als eine Volksschullehrerin mit zwei Integrationskindern in der Klasse. Trotzdem bekommt er deutlich mehr Gehalt. Die umgekehrte, aber natürlich auch nicht gerechte Situation gibt es derzeit noch in den neuen Mittelschulen: hier werden gleiche Leistungen je nach beruflichem Werdegang des Lehrers auch ungleich bezahlt!

Schultypenspezifische oder standortbedingte unterschiedliche pädagogische Schwierigkeiten werden dagegen bei uns - im Gegensatz zu manchen anderen Ländern (wie z.B. in Brasilien) immer noch nicht berücksichtigt!

Eine erste sinnvolle Ausgangsbasis für ein gerechtes Entlohnungssystem kann einmal ein einheitliches

Grundgehalt für alle Lehrer - unabhängig vom Schultyp - sein.

Das ist aber in Europa offensichtlich nur möglich, wenn auch die Ausbildung mit einem einheitlichen akademischen Abschluss endet. Gut – dann soll es halt so sein.

So ferne bei der akademischen Ausbildung auf die unterschiedlichen zu unterrichtenden Altersstufen auch adäquat eingegangen wird, sollte eine formal einheitliche Ausbildungsschiene für alle Lehrer durchaus funktionieren.

Neben dem Grundgehalt müsste es aber unbedingt für schwierige Unterrichtssituationen und für besonderes persönliches Engagement zusätzliche finanzielle Belohnungen geben.

Und jeder Direktor weiß: die besten Pädagogen gehören eigentlich in die schwierigsten Klassen.
Aber was sind eigentlich „schwierige" Klassen?

Eine typische Wiener Hauptschulklasse gehört da sicher dazu. Das „Umtaufen" auf „Neue Mittelschule" zusammen mit einigen kosmetischen Reparaturen hat da ja kaum etwas geändert, obwohl da seit Jahren von einem Erfolgsmodell gesprochen wird. Andere schwierige Unterrichtssituationen gibt es sicher noch in einer Polytechnischen Schule, einer ersten Fachschule einer berufsbildenden mittleren Schule oder an einer Volksschulklasse mit Integrations- oder Migrantenkindern. Hier müssten eigentlich unsere besten Lehrer unterrichten und selbstverständlich dafür mindestens genauso gut bezahlt werden wie jemand, der an einer AHS-Oberstufe unterrichtet!

Auch bei den zusätzlichen Anforderungen, die in Zukunft auf unsere Kindergärtnerinnen zukommen, muss dringend ein geändertes bundeseinheitliches aber leistungsgerechtes Entlohnungsmodell geschaffen werden.

Viele Änderungen im Schulrecht der letzten Jahrzehnte waren geprägt von dem Trend „Kein Zwang, keine Konsequenzen, keine Strafen". Daher hat man den Lehrern systematisch alle wirksamen Erziehungsmittel genommen und hat gleichzeitig versucht, ihnen immer mehr an Erziehungsarbeit der Eltern zu übertragen. Das kann so nicht funktionieren!

Es werden zunehmend immer mehr Forderungen an die Lehrerschaft gestellt, die beim besten Willen einfach nicht erfüllt werden können. So soll ein Lehrer in der Sekundarstufe selbstverständlich seine Fachkenntnisse vermitteln, individuell fördern, erziehend wirken, terroristische und rechtsradikale Tendenzen sowie Suchtgiftgefährung erkennen. Er soll erkennen, wenn jemand sexuell missbraucht oder von seinen Freunden gemobbt wird. Bei all diesen Problemen sollte er dann am besten auch gleich Vertrauensperson und Therapeut in Einem sein.

Vor kurzem kam sogar die Forderung, Lehrer müssten doch erkennen, wenn jemand zu Hause Erwachsene pflegen muss und da gleich gute Tipps geben.

Und das Ganze soll natürlich auch bei einem Geschichtelehrer an einer AHS funktionieren, der über 200 Schülerinnen und Schüler hat, denen er gerade einmal für zwei Stunden in der Woche in einem Klassenverband mit mehr als zwanzig Schülern gleichzeitig begegnet...

Was da von den „Bildungsexperten" von unseren Lehrerinnen und Lehrern verlangt wird, zeigt einmal mehr, wie realitätsfremd solche Menschen eigentlich sind.

Ich muss gestehen, dass ich froh war, wenn ich nach einem Schuljahr von meinen mehr als zweihundert verschiedenen Schülerinnen und Schülern zumindest alle Namen kannte – und ich war bestimmt ein bemühter Lehrer…

In der Volksschule wird ja ähnliches verlangt. Ein Beispiel aus der täglichen Praxis: da steht eine steirische Lehrerin die meiste Zeit allein in einer Klasse mit mehr als 20 Kindern. Davon sind zwei sogenannte „Integrationskinder" und vier unterschiedlich alte Kinder von Asylanten mit nichtdeutscher (und noch dazu unterschiedlicher) Muttersprache. Beim Turnen und Musizieren kann das ja noch leidlich funktionieren. Aber beim Rechnen, Schreiben und Lesen ?

Gerade die zunehmende Zahl von Asylantenkindern wird das Problem in den nächsten Jahren noch verschärfen. Da kommt in den Medien gerade jetzt wieder ein „Expertenvorschlag" zur Lösung dieses Problems: man möge doch fremdsprachenkundige Lehrer mit Sonderverträgen anstellen, die die Kinder in ihrer Muttersprache unterrichten. In der oben erwähnten steirischen Klasse müssten das aufgrund der unterschiedlichen Muttersprachen dann wohl vier verschiedene Lehrer sein ….

Die einzige vernünftige Lösung, diese Kinder zusammenzufassen und ihnen in einem Vorschuljahr einmal schwerpunktmäßig die Grundlagen der deutschen Sprache beizubringen, wird dagegen von solchen „Bildungsexperten" und unseren „Integrationsfans" vehement abgelehnt.

Dieser Trend im Bildungsbereich geht derzeit wohl in eine völlig falsche Richtung.

Statt den Pädagogen das zu geben, was sie eigentlich für ihre Arbeit brauchen würden, haben in den letzten Jahren nur klassenferne Bildungsexperten und „Gutmenschen" unsere Politiker beraten und damit die gesellschaftspolitische Linie in unserer Bildungslandschaft bestimmt.

Apropos „Gutmenschen". Eigentlich war dieser Begriff vom ersten Auftauchen an negativ besetzt. Für mich durchaus verständlich, weil er sehr treffend eine beunruhigende Entwicklung charakterisiert.

Bekanntlich ist „gut gemeint" oft das Gegenteil von „gut".

Die beiden Lieblingssprüche der Gutmenschen sind ja: „*Man braucht die Kinder nur zu motivieren!*" und „*Helfen statt strafen*". Schön wär's ja …
Vor allem die Strafen haben bei unseren „Bildungsexperten" derzeit generell das Attribut „pfui gacka" …

In der Schule müssen heute tatsächlich alle alten und neuen Anforderungen gemeistert werden, ohne dass wirklich wirksame Erziehungsmittel zur Verfügung stehen.

Wenn ein Lehrer einem ständig störenden Schüler dessen Handy für die Unterrichtsdauer abnimmt, gerät er ja schon in Gefahr, vom Rechtsanwalt-Papi verklagt zu werden. Das ist leider auch so eine wahre Geschichte.

Das Wort „Bildungsexperte" bringt auch viele Insider immer wieder auf die Palme. Einer der wenigen, der hier wirklich den nötigen Durchblick hat, ohne selbst einmal Kinder unterrichtet zu haben, ist für mich der Philosoph und Autor Konrad Paul Liessmann. Mein Lesetipp: „*Geisterstunde: Die Praxis der Unbildung. Eine Streitschrift*". Bezeichnenderweise wehrt sich Liessmann selbst dagegen, als „Bildungsexperte" bezeichnet zu werden.

Kein Wunder. Während eine Gruppe der wahren Bildungsexperten, nämlich die unserer Lehrerinnen und Lehrer, in der Öffentlichkeit ja kaum zu Wort kommt, müllen die selbsternannten Experten in den Medien die Bildungsdiskussion mit unrealistischen und manchmal sogar unsäglich dummen Statements zu. Und wenn hier von „den Lehrern" gesprochen wird, die zu Wort kommen sollen, meine ich ausdrücklich nicht deren Gewerkschaft, sondern wirklich jene Basis, für die Parteipolitik noch nicht das Wichtigste in der Bildungsdiskussion ist.

In das Kapitel „Lehrer" gehört natürlich auch das Thema „lange Ferien". Ich selbst habe von den acht Wochen Hauptferien immer einige Wochen in der

Schule verbracht – mit organisatorischen und administrativen Arbeiten. Mit mir waren auch häufig andere Kolleginnen und Kollegen anwesend, die Wartungs- und Erhaltungsarbeiten in Werkstätten, Labors, in der Bücherei oder im EDV-Bereich durchgeführt haben – ohne dafür „Überstunden" schreiben zu können.

Von meinem Sohn, der in einem Wiener Gymnasium Deutsch unterrichtet, weiß ich, dass er in den Weihnachtsferien einige Tage lang nur Schularbeiten verbessert hat, und das zwischendurch auch immer wieder an den Wochenenden tut. Einen Angestellten oder Arbeiter, der über die langen Ferien der Lehrer lästert, sollte man daher fragen, ob er sich in seinen Urlaub oder in sein Wochenende auch schon Arbeit für mehrere Tage mit nach Hause genommen hat...

Natürlich gibt es auch jene Lehrer, die sich im Sommer 8 Wochen lang nicht um die Schule kümmern.

Aber hier sind wir wieder beim oben genannten Problem: Lehrer ist nicht gleich Lehrer!

Eine leistungsgerechte Entlohnung bei Lehrern wäre aber durchaus sinnvoll! Das hätte auch die Kernforderung bei einem neuen Lehrerdienstrecht sein müssen. Diese Chance scheint bei uns wieder einmal für Jahre vertan.

Erstaunlich ist nur, dass die von uns (manchmal wohl zu Unrecht) belächelte italienische Regierung genau diese leistungsgerechte Entlohnung in einer beachtlich tiefgreifenden und relativ schnell durchgezogenen Bildungsreform 2015 beschlossen hat.

Vor etlichen Jahren hat es bei uns noch die sogenannten „Belohnungen" gegeben, das waren kleinere Summen, die der Direktor an besonders engagierte Lehrer vergeben konnte. Selbst dieses Mittel zum individuellen Anreiz ist den Direktoren inzwischen wieder genommen worden.

Erwähnt werden sollte auch, dass der Lehrerjob noch immer schlechter bezahlt ist als der eines anderen vergleichbaren Akademikers in Industrie oder Wirtschaft – selbst nach dem neuen Lehrerdienstrecht.

Nicht zu vergessen die soziale Unsicherheit durch die bis zu fünf Jahre dauernden befristeten, jährlich anzusuchenden Anstellungsverträge am Anfang der Berufslaufbahn.

Man muss also noch immer Idealist sein, um in Österreich Lehrer zu werden. Aber das sollten ja gute Lehrer sowieso sein.

In der Öffentlichkeit kommt immer wieder die Forderung, Lehrer sollten sich in den Ferien weiterbilden. Das halte ich in den Hauptferien in einem zeitlich begrenzten Rahmen (z.B. in der ersten oder letzten Ferienwoche) prinzipiell für zumutbar und auch für sinnvoll, damit der Unterrichtsbetrieb während des Schuljahres nicht durch Abwesenheiten der Lehrer bei den Seminarbesuchen gestört wird.

Voraussetzung dafür ist allerdings eine langfristige Planung der Seminare. Auch Lehrerinnen und Lehrer müssen mit ihrer ganzen Familie Urlaub machen können. Auch diese Berufsgruppe braucht eine mehrwöchige „Auszeit" zur echten Erholung.

Im neuen Lehrerdienstrecht ist ja eine verpflichtende Fortbildung von 15 Stunden pro Schuljahr vorgesehen – außerhalb der Unterrichtszeit.

Das halte ich für einen vernünftigen und vertretbaren Kompromiss – allerdings nur dann, wenn die Termine dazu langfristig und damit verplanbar vorgegeben werden. Eine Möglichkeit dazu wären sicher auch die sogenannten „schulautonomen Tage", die eigentlich schon immer für solche Aktivitäten vorgesehen waren, von manchen Schulen allerdings bis jetzt nur als „Wochenendverlängerung" missbraucht wurden.

Zur Forderung, dass alle Lehrer ihre gesamte Arbeitszeit an der Schule verbringen, muss auch eines klargestellt werden: in vielen Schulen herrscht derartiger Raummangel, dass ein Korrigieren oder Vorbereiten dort einfach nicht möglich ist. An meiner Schule war es so, dass sich bis zu vier Lehrer einen einzigen Schreibtisch teilen mussten, auf etwa je 30 Lehrer ein gemeinsamer Drucker und Scanner kam und nicht einmal genug Sessel vorhanden waren, wenn einmal gleichzeitig alle Lehrer anwesend waren. Das könnte nur durch entsprechende Zubauten gelöst werden – und das kommt ja bekanntlich nicht in Frage, weil es zusätzlich Geld kosten würde…

Meiner Erfahrung nach wären überraschend viele Lehrerinnen und Lehrer sogar damit einverstanden, ihre gesamte Arbeitszeit in der Schule zu verbringen – allerdings nur unter der Voraussetzung, dass ihnen ein jederzeit nutzbarer, voll ausgestatteter Arbeitsplatz zur Verfügung steht, so wie das in anderen Berufen ja selbstverständlich ist.

Und gerade daran wird eine echte Reform in diesem Bereich letztlich auch scheitern. Ich kann mir nicht vorstellen, dass die dafür nötigen Mittel für den Ausbau aller Schulen auch wirklich vor einer großen Reform zur Verfügung gestellt werden. Es zeichnet sich jetzt schon ab, dass es auch bei diesem Thema wieder eine halbherzige „österreichische" Lösung auf Kosten der Schulen geben wird.

Hat man als Direktor die „richtige" Farbe und ist gut politisch vernetzt, hat man ja noch eher Chancen, in absehbarer Zeit den notwendigen Ausbau seiner Schule zu bekommen.

Ist das nicht der Fall, kommt es zu einer Situation, wie ich sie persönlich in meinen letzten Dienstjahren erlebt habe. Unsere Schule war baulich ursprünglich für 24 Klassen konzipiert. In den letzten beiden Jahrzehnten war die Schülerzahl aber auf rund tausend Schüler in bis zu 39 Klassen und mit über 120 Lehrern angewachsen! 1999 wurden als „kurzfristige Übergangslösung" sieben Klassen in einen etwa 600 Meter entfernten Altbau ausgesiedelt, der notdürftig für den Unterricht adaptiert wurde. Vom Ausfall der Heizung bis zum Herabfallen von Deckenteilen gab und gibt es da laufend Probleme. Und diese Situation besteht typisch österreichisch bis heute: ein Provisorium seit mehr als 15 Jahren!

Als „Abhilfe" wurden 2010 im Schulhof zusätzlich zwei Containerklassen aufgestellt. Daneben gibt es aber noch jedes Schuljahr bis zu 5 Wanderklassen ohne eigenen fixen Klassenraum. Insgesamt wohl eine fast nicht mehr tragbare Situation für Schüler und Lehrer!

Der notwendige Zubau wurde – nicht zuletzt wegen offensichtlicher Differenzen zwischen „rotem" Landesschulrat und „schwarzer" Gemeinde und wohl auch wegen eines parteipolitisch zu wenig engagierten Direktors - über 20 Jahre lang bis 2015 hinausgeschoben. So funktioniert Schulbau in Österreich wirklich!

Erstaunlich war nur, dass in dieser Zeit viele andere Schulen umgebaut wurden, ohne dass dort eine derartig prekäre Situation bestanden hätte. Eine Fußball – HAK mit parteipolitisch gut vernetztem Direktor wurde sogar in Rekordzeit gebaut.

Vielleicht hat bei diesem Beispiel aber auch die Tatsache eine Rolle gespielt, dass der Landeshauptmann selbst einmal aktiver Fußballer war...

Auf alle Fälle ist eines offensichtlich: Schulsanierungen und Neubauten werden bei uns sicher NICHT nach objektiven Kriterien gereiht.

Aber zurück zu den Lehrern. Ein besonderes Problem bei der Rekrutierung geeigneter Lehrer werden auch weiterhin die berufsbildenden Schulen haben. Diese Schulen sind darauf angewiesen, auch Fachleute aus der Praxis zu bekommen. Bei den jetzigen Gehaltsstrukturen gibt es aber kaum einen finanziellen Anreiz für in der Wirtschaft gut bezahlte Fachkräfte, in den Schuldienst zu wechseln.

Ich habe jahrelang an meiner HTL miterlebt, wie schwierig es ist, z.B. gute Informatiker, Elektrotechniker oder Maschinenbauer für den Unterricht zu gewinnen.

Falls sie mit einer vollen Lehrverpflichtung kommen und ganz in den Lehrberuf einsteigen möchten, haben sie das Problem, dass sie im Schuldienst mindestens 30% weniger als in der Wirtschaft verdienen und unter Umständen bis zu fünf Jahre auf einen gesicherten Arbeitsvertrag warten müssen. Viele entscheiden sich daher dafür, nur einige Stunden nebenberuflich an einer Schule zu unterrichten. Damit haben sie aber einen Sonderstatus an der Schule, das heißt, sie bekommen meist einen maßgeschneiderten Stundenplan, damit sie neben ihrem Unterricht noch weiterhin ihrer Tätigkeit in der Wirtschaft nachgehen können.

Sie sind damit auch kaum für Supplierungen, Beaufsichtigungen oder Schulveranstaltungen einsetzbar, was natürlich bei den „normalen" Lehrern immer wieder für Unmut sorgt.

Ich habe auch schon mehrfach erlebt, dass solche Lehrer das System skrupellos ausgenützt haben, weil sie wussten, wie wichtig sie für die Schule als Fachleute waren.

Dazu ein typisches Beispiel – auch aus meiner eigenen Erfahrung.

Ein Meister führt als Selbstständiger einen kleinen Handwerksbetrieb, hat als Werkstättenlehrer an einer HTL eine volle Lehrverpflichtung und unterrichtet an drei Wochentagen jeweils etwa 8 Stunden im Praxisunterricht in der Werkstätte. Dort sind ja die Stunden sinnvoller weise in mindestens vierstündigen Blöcken zusammengefasst. Die notwendige Vorbereitungszeit für diese Art von praktischem Unterricht ist in den meisten Fällen aber annähernd Null – selbst wenn es da einige wenige Ausnahmen gibt und das von der Gewerkschaft immer vehement bestritten wird.

Die restlichen Tage der Woche ist unser Meister als Selbstständiger tätig, ist für die Schule praktisch nicht verfügbar und genießt den Vorzug, als Lehrer eine bessere Sozial- und Pensionsversicherung als als Selbstständiger zu haben.

Es ist kein Wunder, dass hier Neid und Unmut bei der restlichen Lehrerschaft gesät wird. Für den Direktor so einer Schule bedeutet das also, einen schwierigen Kompromiss zu finden, um einerseits die Fachleute an der Schule zu halten und andererseits die Privilegien dieser Fachleute auf ein erträgliches Maß zu beschränken.

Bei einem wirklich leistungsgerechten Entlohnungssystem wäre das aber alles kein Problem.

Es würde diese Situation schon deutlich entschärfen, würden Supplierstunden, Wandertage, Exkursionen, Pausendienste usw. korrekt und stundengenau abgerechnet und entlohnt. Im Zeitalter der Informationstechnik wäre das eigentlich gar kein Problem.

Die modernen Schulverwaltungssysteme sind zwar ungemein komplex und gestatten die Erstellung aller möglichen sinnvollen (und oft sinnlosen) Statistiken – die Unterstützung einer leistungsgerechten individuellen Zeiterfassung liegt aber offenbar nicht im politischen und gewerkschaftlichen Interesse…

Natürlich bringt es für die Erreichung der Bildungsziele berufsbildender Schulen sehr viel, wenn tatsächlich Fachleute mit echtem Praxisbezug in den typenbildenden Gegenständen unterrichten. Aber man muss diesen Fachleuten auch klar machen, dass sie sich nicht nur das Beste aus beiden Welten aussuchen können.

Es gab unter meinen Lehrern allerdings auch einen Techniker, der sich für Wandertage und Exkursionen mit „seiner" Klasse selbstverständlich Urlaub in seiner Firma genommen hat. Aber das ist - zugegeben - doch eine rühmliche Ausnahme geblieben.

In das Kapitel Lehrer gehört auch das Thema Direktoren. Dass heute ein Direktor zwanzig Jahre lang oder länger eine Schule führen kann, hat sicher auch einige Vorteile, wie Kontinuität in der Schulentwicklung und Routine beim organisatorischen „Tagesge-schäft". Aber eine Frischzellenkur hat noch keiner Schule geschadet. Insgesamt überwiegen die Vorteile einer „Ernennung auf Zeit" sicher.

Problematisch wird es im derzeitigen System vor allem dann, wenn Direktoren im Lehrerkollegium oder bei Schülern und Eltern nicht akzeptiert werden, und trotzdem aufgrund des Dienstrechtes ihre Zeit bis zur Pension an der Schule „absitzen" können.

Den neuen Ansatz, einen Direktor in Zukunft nur einmal für fünf Jahre zu bestellen, scheint daher prinzipiell sinnvoll zu sein. Allerdings dürfte dann auch die Entscheidung zur Weiterbestellung nicht mehr von „oben" herab geschehen.

In einem demokratischen Entscheidungsprozess sollte das Lehrerkollegium zusammen mit den Eltern (und in der Oberstufe natürlich auch zusammen mit den Schülern) darüber bestimmen, wer die Schule leitet.

Jeder Direktor müsste damit am Ende einer Amtsperiode seine Arbeit durch seine gesamte Schulgemeinschaft evaluieren lassen.

Leider werden wir ja auch in Zukunft weiterhin die unselige Praxis haben, dass Direktoren vom Landesschulrat bzw. vom Stadtschulrat ernannt werden.

Damit sind viel zu oft parteipolitische Interessen im Spiel. Jeder in unserem Bildungssystem Tätige weiß, dass das de facto so ist. Und jeder Landespolitiker wird das genauso vehement in der Öffentlichkeit bestreiten.

Aber als gelernter Österreicher kennt man das ja. Eine „Zwei-Klassen-Medizin" gibt's ja laut Ärztekammer in Österreich auch nicht…

Es gibt seit einigen Jahren schon die Möglichkeit, einen gemeinsamen Direktor für mehrere Schulen einzusetzen. Bei zwei oder drei kleinen Volksschulen ist das sicher sinnvoll und bringt auch Einsparungen. Dass eine Volksschule mit fünfzehn Kindern nicht unbedingt eine eigene Direktion braucht, ist einleuchtend. Möglich ist allerdings, bis zu vier Schulen - auch typenübergreifend - verwaltungstechnisch zusammenzulegen – und das natürlich, ohne die von der Mehrbelastung betroffenen Direktoren vorher zu fragen!

So hat es zu Beginn der Hauptferien 2014 im Burgenland viel böses Blut gegeben, als rund 30 Direktorinnen und Direktoren vom Landesschulrat per E-Mail (!) informiert wurden, dass ihre Stelle ab Herbst gestrichen bzw. von jemand anderem mitübernommen würde. Dass der amtsführende Präsident des Landesschulrates in diesem Zusammenhang von einem „Erfolgsmodell" sprach, hat nur wieder einmal mehr gezeigt, wie abgehoben und menschenverachtend auf dieser politischen Ebene zeitweise agiert wird.

Ich kenne persönlich auch einen konkreten Fall, in dem so eine Zusammenlegung absolut unsinnig ist. Ein Cousin zweiten Grades von mir wurde schon vor längerer Zeit unfreiwillig (!) vom Landesschulrat zum gemeinsamen Direktor jeweils einer AHS- und einer BHS – Oberstufe bestimmt. Die beiden Schulen sind zwar räumlich benachbart, haben aber zusammen mehrere hundert Schüler, über hundert Lehrer und natürlich zum Teil sehr unterschiedliche gesetzliche Regelungen – wie z.B. total verschiedene Reifeprüfungsverordnungen.

Was für eine Mehrbelastung das für einen Direktor bedeutet, kann sich ein Außenstehender kaum vorstellen. Und das alles auch ohne eine adäquate finanzielle Entlohnung dieser Mehrarbeit.

So eine Vorgangsweise hat mit vernünftigem Sparen nichts mehr zu tun. Bei den Landesschulräten gäbe es dafür genug echtes Einsparungspotential.

Übrigens – wer Direktor bei solchen zusammengelegten Schulen wird, und wer nicht, wird nicht über ein öffentliches Auswahlverfahren bestimmt! Der Landesschulrat legt das fest, ohne der Öffentlichkeit je eine Begründung für seine Wahl geben zu müssen.

Direktoren großer Schulen sollten sowieso – wie es z.B. an den HTLs schon lange Standard ist – eine echte mittlere Führungsebene zur Unterstützung bekommen. Es wird in der Öffentlichkeit meist unterschätzt, mit wie viel Verwaltungskram und unnötiger Bürokratie sich ein Direktor einer Schule mit mehreren hundert Schülern täglich herumschlagen muss, selbst wenn er einen Administrator und ein Sekretariat für die Unterstützung bei der „Knochenarbeit" hat.

Die Pädagogik, die Mitarbeitergespräche, die Mentorenfunktion – das alles muss dafür auf der Strecke bleiben.

Wenn es dafür wenigstens eine echte Schulautonomie gäbe!

Aber die österreichische Realität sieht anders aus: die Schulen haben zwar jede Menge Bürokratie am Hals, die wesentlichen Entscheidungen für eine Schule treffen aber immer noch Leute, die eigentlich weitab von der „Front" sitzen und manchmal gar nicht die notwendige Kompetenz für solche Entscheidungen mitbringen.

Eltern und Kinder – was hat denn das mit dem Schulsystem zu tun?

Die Antwort wissen wir alle: natürlich viel, viel mehr als alle Politiker und Gewerkschafter zusammen!

Die Eltern und die Schüler haben aber erstaunlicherweise bei den bisherigen Reformansätzen unseres Bildungssystems am allerwenigsten mitgeredet. Das sollte sich eigentlich in Zukunft ändern.

Aber genauso wie im Kapitel über die Lehrer seien mir auch einige kritische Bemerkungen zu manchen Eltern und Schülern gestattet.

Viele Eltern vertreten heute die Meinung, sie könnten ihre Kinder spätestens ab dem vierten Lebensjahr in staatliche Obhut übergeben und dann müsste eigentlich alles bis zur Matura reibungslos laufen. Funktioniert das aber nicht so, wird die Schuld oft zuerst bei der Schule gesucht.

Häufig meinen sie, die Schule müsste selbstverständlich auch sämtliche Erziehungsaufgaben mit übernehmen. Liebe Eltern – das kann sie nicht und das soll sie auch nicht!

Die Erziehung der Kinder ist nach unseren Gesetzen und nach unserer abendländischen Wertvorstellung noch immer Pflicht der Eltern. Die Schule kann dabei höchstens unterstützen.

Wenn aber ein Lehrer von den Pflichten der Eltern spricht, stößt er oft auf Unverständnis und manchmal sogar auf extrem bösartige Reaktionen.

Dieses Kapitel soll auch dazu beitragen, dass Eltern vielleicht ein wenig mehr Verständnis für die Möglichkeiten und Grenzen unserer Schulen zeigen.

Die Eltern bzw. Erziehungsberechtigten sollten eigentlich die wichtigsten Partner der Lehrerinnen und Lehrer sein, wenn es um die Ausbildung ihrer Kinder geht. Ideal wäre ein ständiger Kontakt zwischen allen Schulpartnern (Schüler – Eltern – Lehrer).

Die Realität sieht leider etwas anders aus und wird sich wahrscheinlich ohne wirksame und verpflichtende Regeln für alle Beteiligten in Zukunft auch nicht ändern.

Wir kennen ja die typischen Elternvereine, in denen sich einige wenige hochmotivierte Mütter und Väter abstrampeln und oft erstaunliches für „ihre" Schule auf die Beine stellen. Diesen Helfern im Hintergrund sei an dieser Stelle einmal ausdrücklich gedankt.

Aber die schweigende Mehrheit der Eltern kommt oft nicht einmal zu den Versammlungen des Elternvereines und weiß daher auch gar nicht zu schätzen, was diese Organisationen alles für ihr Kind leisten.

Jeder Klassenvorstand kennt auch die vorbildlichen Eltern, die sich regelmäßig nach ihrem Kind erkundigen und immer wieder aktiv Kontakt suchen.

In meiner eigenen Zeit als Klassenvorstand lernte ich einen Vater kennen, der 5 Jahre lang pünktlich jede Woche bei mir in der Sprechstunde angerufen hat, um sich nach seinem Sohn zu erkundigen. Es gab über ihn fast nie Negatives zu sagen – der Junior war in all den fünf Jahren einer der besten Schüler in seiner Klasse. Der Papa war übrigens ein vielbeschäftigter Manager – und er hat sich trotzdem einmal in der Woche diese fünf Minuten Zeit genommen, weil es ihm offensichtlich wichtig war.

Immer wieder habe ich von Eltern die Ausrede gehört, dass man ja als Berufstätiger keine Zeit für solche Schulkontakte habe. Das zeigt aber eigentlich nur, dass alles andere einen höheren Stellenwert als das eigene Kind hat.

Es ist ganz typisch, dass die Kinder, bei denen die Eltern aktiv und regelmäßig Kontakt mit der Schule halten, normalerweise keine unlösbaren Schulprobleme haben. Solche Eltern sind offensichtlich bereit, sich die Zeit zu nehmen, um aktiv am Leben ihres Kindes teilzunehmen und geben dem Kind damit auch das Gefühl, dass es in einem sicheren sozialen Netz eingebettet ist.

Kinder aus solchen Familien überstehen normalerweise kritische Phasen in ihrer Schullaufbahn, ohne dass es je zu einer Katastrophe kommt.

Das andere Extrem sind aber die Eltern, die sich sogar nach mehreren eingeschriebenen Briefen nicht melden. Häufig sind das gerade die Eltern von jenen Schülern, die ernste Probleme in der Schule haben. Wenn es dann doch zu einem Gespräch kommt, bekommt man oft Sätze zu hören wie *„Ich kann mit ihm nichts mehr anfangen. Er tut ja eh, was er will."* Hier gibt es offensichtlich gravierende Probleme im sozialen Umfeld des Schülers – eine häufige Ursache für Schulversagen.

Zwischen diesen beiden Extremfällen gibt es natürlich die große Masse der Eltern, die schon das Gespräch sucht, wenn einmal ernste Probleme auftauchen.

Erstaunlich in vielen persönlichen Gesprächen war für mich aber, dass viele Eltern die Gründe für die schlechten Leistungen ihres Kindes häufig ganz woanders suchten, als das meinen Beobachtungen entsprach.

Als Grund für schulische Probleme wurde von den Eltern häufig einer der folgenden Gründe genannt:
- Mein Kind ist unterfordert
- Mein Kind ist überfordert
- Mein Kind wird in der Klasse gemobbt

- Die Lehrerin / der Lehrer geht nicht auf mein Kind
  ein
- Die Lehrerin / der Lehrer kann das nicht erklären
- Die Lehrerin / der Lehrer ist ausländerfeindlich

Das heißt, von vielen Eltern wird der Grund für schlechten Schulerfolg zuerst einmal an der Schule selbst bzw. direkt beim Lehrer gesucht. Das war aber meiner Erfahrung nach in vielen Fällen gar nicht zutreffend.

Auch wenn es beim Gespräch um disziplinäre Probleme ging, hörte ich unzählige Male von einer Mama oder einem Papa die Aussage:
„Ich kenne mein Kind, mein Kind tut das nicht!"
Für mich das beste Beispiel für einen Satz, der nicht wahr wird, wenn man ihn auch noch so oft wiederholt.

Es war dann oft ziemlich ernüchternd für die Eltern, aber auch für mich, feststellen zu müssen, dass wir alle zusammen das Kind eben doch nicht genug kannten …

Wenn ich bei solchen Gesprächen dann vorsichtig gefragt habe, wie denn momentan die soziale Situation in der Familie sei oder ob es vielleicht Probleme infolge einer Scheidung oder eines ähnlichen Ereignisses gäbe, reagierten viele der Eltern - je nach Temperament - verständnislos bis aufbrausend.

Dabei sind bekanntlich in vielen Fällen die Ursachen für schlechten Schulerfolg oder für disziplinäre Probleme auch im sozialen Umfeld eines Kindes zu finden.

Meist hat Schulversagen ja auch nicht einen einzigen Grund, sondern es kommen verschiedene Faktoren zusammen, wie z.B. die einsetzende Pubertät, die Scheidung der Eltern, schlechter Einfluss aus dem Freundeskreis, das Fehlen einer geeigneten Bezugsperson, schlechte Deutschkenntnisse, ein „bildungsfernes" Milieu, usw.

Viele Eltern wollen dann gar nicht wahrhaben, dass in einem solchen Fall mit einem Nachhilfelehrer das Problem gar nicht gelöst werden kann.

Es gibt glücklicherweise aber auch die verständnisvollen Eltern, die zusammen mit den Lehrern die

Probleme sachlich analysieren und zusammen Lösungen suchen und finden. Damit erweisen sie ihrem Kind letztlich einen besseren Dienst, als präventiv sofort die Schuld dort zu suchen, wo sie eigentlich gar nicht liegt.

Eine der wenigen wirklich sinnvollen Einführungen der letzten Jahrzehnte im Bildungssektor war sicher das so genannte „Frühwarnsystem". Wenn so eine Warnung von den Eltern auch angenommen wird und rechtzeitig gegengesteuert wird, kann in vielen Fällen noch eine schulische Katastrophe verhindert werden.

Natürlich gibt es auch Gründe für Schulversagen, die unmittelbar an der Schule zu suchen und zu beheben sind. Es gibt ja wirklich Lehrer, die nicht gut erklären können. Solche Probleme können noch vergleichsweise einfach behoben werden – in diesem konkreten Fall z.B. kurzfristig durch einen Förderunterricht eines anderen Lehrers oder durch individuelle Nachhilfe. Langfristig muss hier natürlich der Direktor reagieren und geeignete Maßnahmen setzen.

Und am besten wäre es, dass jemand, der offensichtlich niemals ein guter Lehrer sein wird, gar nicht zu diesem Beruf zugelassen wird – siehe erstes Kapitel!

Es gibt immer wieder den Fall, dass Eltern unbedingt möchten, dass ihr Kind eine höhere Schule besucht und nicht einsehen, dass eben nicht alle Schüler gleich gut geeignet dazu sind.

Es ist wohl in der Öffentlichkeit akzeptiert, dass nicht jedes Kind Berufsfußballer oder Orchestermusiker werden kann. Dazu sind offensichtlich Voraussetzungen wie Talent und Fleiß notwendig. Wieso glauben aber erstaunlich viele Menschen, für den Abschluss an einer höheren Schule bräuchte man gar keine besonderen Voraussetzungen?

Wer diese dafür nicht mitbringt, ist dort leider fehl am Platz, so hart das auch klingen mag.

Viele Eltern weigern sich aber, das zu akzeptieren und bereiten damit ihrem Kind eigentlich nur traumatische Erlebnisse.

Aus vielen Gesprächen mit ehemaligen Schulabbrechern weiß ich, dass sie in einer Lehre später viel glücklicher und zufriedener waren als an einer höheren Schule. Und ein Fachschul- oder Lehrabschluss ohne Matura bedeuten heute schon lange keine lebenslange Sackgasse mehr. Das ist der breiten Öffentlichkeit eigentlich noch viel zu wenig bewusst.

Ich war selbst in einigen Fällen Prüfer bei der so genannten „Berufsreifeprüfung", bei der die Matura von Erwachsenen nachgeholt wurde - aus welchen Gründen auch immer. Alle diese Menschen waren in ihrem Leben recht erfolgreich unterwegs und hätten für ihren beruflichen Erfolg die Matura eigentlich gar nicht mehr gebraucht.

Die generelle Linie der Politik geht aber derzeit in eine völlig andere Richtung: Matura für alle und möglichst viele Akademiker. Und das um jeden Preis und ohne Rücksicht auf individuelle Eignung oder Fähigkeiten. Die Sinnhaftigkeit dieser Forderungen wird leider selten hinterfragt. Dazu schraubt man nötigenfalls solange das Niveau herunter, bis wir das politisch gewünschte Ergebnis haben. Die Zentralmatura bietet sich für diesen Zweck ja geradezu an ...

Bei der Präsentation der letzten OECD-Studie über die prozentuale Anzahl der Akademiker in den EU-Staaten wurde von einem ORF-Kommentator mit „Erstaunen" bemerkt, dass das wirtschaftlich doch relativ gut dastehende Deutschland da noch hinter Österreich rangiert. Bei etwas Nachdenken kommt man wohl selbst auch auf den Grund.

Maturanten und Akademiker um jeden Preis zu produzieren, ist eben nicht ausreichend für den Erfolg einer Wirtschaft. Ein Feinmechaniker oder eine Köchin bringen der Volkswirtschaft nicht automatisch mehr, nur weil sie die Matura haben. Und eine Überqualifikation mit den damit verbundenen höheren Lohnkosten für den Arbeitgeber kann manchmal sogar ein Grund sein, eine freie Arbeitsstelle nicht zu bekommen.

Dass Akademiker von vornherein besser ausgebildet oder kompetenter sind als Nicht-Akademiker kann ich aufgrund meiner bisherigen Erfahrungen sowieso nicht bestätigen. Ich bin in meinem Leben schon etlichen akademischen Trotteln begegnet…

Das neue Motto der Bildungspolitik lautet: „Alle müssen die gleichen Chancen haben".

Eine wunderbare Vorstellung – mit nur einem Haken: damit alle wirklich die gleichen Chancen haben, müssen sie wohl auch annähernd gleiche Voraussetzungen mitbringen.

Aber da ja bekanntlich alle Kinder völlig gleich begabt sind, existiert dieses Problem für viele unserer Politiker gar nicht …

Gravierende Schulprobleme in der Sekundarstufe haben manchmal Wurzeln, die bis in das Vorschulalter zurückreichen. Ein sehr empfehlenswertes Buch dazu ist „*Lernen sichtbar machen*" von John Hattie, in dem der Autor umfassende Studien zu diesem Thema auswertet. Es lässt sich zum Beispiel nachweisen, dass sogar ein unterdurchschnittliches Geburtsgewicht schulische Beeinträchtigungen bis ins 10. Lebensjahr mit sich bringen kann!

Es gilt inzwischen auch als gesichertes Wissen, dass vor allem mangelnde Sprachkenntnisse oder ein „bildungsfernes" soziales Milieu die Chancen auf einen

Schulerfolg deutlich schmälern. Trotzdem werden diese wissenschaftlich gesicherten Erkenntnisse in der Schulpolitik noch immer viel zu wenig berücksichtigt.

Stattdessen geht man immer wieder von der Vorstellung aus, dass alle Kinder mehr oder weniger die gleichen Voraussetzungen mitbrächten und die geringen Unterschiede ja durch die eine oder andere Förderstunde, durch einen zeitweilig anwesenden zweiten Lehrer oder eine Nachmittagsbetreuung problemlos auszugleichen wären. Das ist aber eine gefährliche Fehleinschätzung!

Bei einem Anfang 2014 stattgefundenem erstem Leistungsvergleich zwischen Neuer Mittelschule und AHS-Unterstufe wurden von Politikern und Medien wieder einmal mit traumwandlerischer Sicherheit die falschen Schlüsse gezogen. Da die AHS dabei etwas besser abschnitt, kamen sofort Mutmaßungen darüber, woran das liegen könnte: die AHS sei halt doch das bessere System, AHS-Lehrer seien halt doch besser ausgebildet und ähnlicher Schmarren.

Was jedem Insider klar ist, aber von kaum einem Politiker oder Journalisten ausgesprochen wurde: das

„Schülermaterial" (man verzeihe mir diesen Ausdruck) an unterschiedlichen Schultypen ist eben ein
völlig unterschiedliches! Vor allem in Ballungsgebieten
wie Wien ist das ja augenscheinlich.

Der beste Tischler kann aus einem schlechten
Stück Holz kein erstklassiges Möbelstück herstellen –
Lehrer sollen das in ihrem Bereich aber können?

Um eines auch gleich klarzustellen: ich habe an
unserer HTL oft Schülerinnen und Schüler aus ländlichen Hauptschulen bekommen, die leistungsmäßig mit
den Abgängern einer AHS-Unterstufe locker mithalten konnten.

Wirklich entscheidend für den Bildungserfolg in
der Sekundarstufe sind die Vorkenntnisse und das
soziale Umfeld der dort eintretenden Kinder und
natürlich die Kompetenz der Lehrer. Wobei diese
Kompetenz – wie oben bereits angeführt – kaum vom
akademischen Grad abhängt.

Wie die Unterstufe tatsächlich heißt oder wie sie
organisiert ist, ist dagegen völlig nebensächlich.

Aber zurück zu den Eltern und den Kindern. Weil sich unsere Gesellschaft in den letzten Jahrzehnten radikal verändert hat, hat sich natürlich auch die Eltern-Kind-Beziehung geändert. Frauen bekommen ihr erstes Kind nicht mehr mit 20 sondern mit 35 oder noch später und werden oft nach den ersten Lebensjahren des Kindes wieder berufstätig. Papa und Mama haben daher wenig Zeit zur Erziehungsarbeit, Opa und Oma wohnen nicht im selben Haushalt, sind schon im Altersheim oder bereits gestorben.

Dazu gibt es zunehmend mehr alleinerziehende Mütter oder Väter und Kinder aus Patchworkfamilien.

Die echten Erzieher sind jetzt schon im frühesten Kindesalter vollelektronisch und rechteckig und heißen Fernseher, Laptop, iPad oder Playstation.

Der Wunsch der Eltern, die Erziehungsarbeit sollte - möglichst ganztägig und umfassend – von der Schule übernommen werden, ist teilweise verständlich. Aber so einfach wird das leider nicht funktionieren. Kinder brauchen für ihre Entwicklung auch ausserhalb der Schule reale erwachsene Bezugspersonen und reale soziale Netze – und ich spreche hier ausdrücklich nicht von Facebook & Co. …

Ständig wechselnde Betreuungslehrer am Nachmittag in Gruppen mit über 20 Schülern werden da wohl auch kein wirksames soziales Netz aufbauen können.

Leider werden auch oft von Eltern oder Erziehungsberechtigten gesicherte Erkenntnisse der Entwicklungspsychologie einfach ignoriert. Ich denke da nur an eine alleinerziehende Mutter, die sich in falsch verstandener Mutterliebe intensiv an ihren einzigen Sohn klammerte und in einer Sprechstunde von sich und ihrem 16-jährigen Sohn sagte: *„Wir brauchen keinen Papi. Wir haben uns beide lieb, das reicht"*.

Dass der junge Mann verzweifelt nach einer männlichen Bezugsperson suchte und dabei leider an den Falschen geriet, hat ihn dann letztendlich so aus der Bahn geworfen, dass er die Schule abbrach…

Aber auch schon in den ersten Lebensjahren können Eltern solche Fehler machen, die die Schule später nie mehr korrigieren kann.

Jeder von uns kennt die Familie mit dem süßen, aufgeweckten Einzelkind, das von den Eltern geradezu vergöttert wird. Vielleicht haben die Eltern sogar Regeln für eine vernünftige Erziehung aufgestellt. Die Praxis sieht dann oft so aus: bevor die Eltern auf die Einhaltung ihrer eigenen Regeln durch das Kind bestehen, geben sie genervt auf und erziehen damit eigentlich einen kleinen Tyrannen, der dann in der Volksschule gar nicht mehr so liebenswert ist.

„Ja, wenn unsere Ulla nicht in die Schule gehen mag, dann muss sie das auch nicht."

„Unser Patrick ist überdurchschnittlich intelligent, er kann daher ruhig zwischendurch in der Klasse herumlaufen…"

„Britta ist hyperaktiv, unser Hausarzt meint, es sei ganz normal, dass sie die Maria zwischendurch an den Haaren zieht…"

Solche Sätze sind ja jeder Volksschullehrerin wohl bekannt.

Dass es durch fehlende Erziehungsmaßnahmen im Vorschulalter später oft zu Problemen kommt, sollte eigentlich spätestens nach dem Schiffbruch der „Antiautoritären Erziehung" der Sechzigerjahre bekannt sein.

Der ehemalige Leiter einer Erziehungsanstalt, Michael Winterhoff beschreibt diese Probleme in seinem sehr praxisbezogenen Buch „*Warum unsere Kinder Tyrannen werden*" übrigens sehr amüsant und lesenswert.

Die Erziehungsarbeit in den Kindergärten kann daher gar nicht wichtig genug eingeschätzt werden. In Zukunft sollen aber unsere Kleinen dort nicht nur beaufsichtigt, beschäftigt und erzogen werden, sondern es sollen auch noch fehlende Sprachkenntnisse nachgeholt werden. Ob das bei der bestehenden Personal- und Gehaltssituation wirklich zufriedenstellend funktionieren wird, wage ich zu bezweifeln.

In den österreichischen Kindergärten gibt es derzeit je nach Bundesland Gruppengrößen von 8 in Salzburg bis zu 25 (!) Kindern in Wien und im Burgenland. Auch die Zuteilung von Hilfskräften und das Gehaltsschema sind länderweise völlig unterschiedlich geregelt. Das sollte bei einer echten Bildungsreform auch endlich in die Bundeskompetenz überführt und einheitlich – und vor allem vernünftig - geregelt werden!

Die Reform der Kindergärten wäre meiner Meinung nach sogar wichtiger als die Oberstufenreform gewesen. Eine durchgehende Reform des Bildungssystems würde jeder vernünftige Mensch sowieso von unten nach oben durchziehen - unser Ministerium versucht es halt einmal verkehrt herum…

Wenn allerdings „Bildungsexperte" Andreas Salcher behauptet, man könnte viele der Probleme unseres Bildungssystems dadurch lösen, dass alle Kindergärtnerinnen einen akademischen Abschluss haben müssen, kann ich ihm nicht zustimmen.

Eine gute Ausbildung – selbstverständlich ja! Aber hier macht ein akademischer Grad genauso wenig eine gute Kindergärtnerin aus wie bei den Lehrerinnen. Vor allem die soziale Kompetenz und die Persönlichkeit und in zweiter Linie die INHALTE der Ausbildung sind auch hier das Entscheidende, aber sicher nicht der akademische Abschluss!

Was die gesamte schulische Laufbahn eines Kindes bekanntlich massiv beeinträchtigen kann, sind mangelhafte Deutschkenntnisse. Das wird von einigen „Integrationsfans" unter unseren Politikern noch immer komplett verharmlost. Sogar in der Oberstufe ist es noch eindeutig erkennbar, dass die schulischen Probleme von Migrantenkindern am häufigsten durch schlechte Deutschkenntnisse verursacht werden.

Wenn jemand einer verbalen Erklärung nicht folgen kann, oder den Sinn einer Textaufgabe nicht erfassen kann, sind selbstverständlich auch Misserfolge in naturwissenschaftlichen oder allgemeinbildenden Gegenständen vorprogrammiert.

Hier müsste die Politik endlich reglementierend eingreifen und nötigenfalls ein verpflichtendes – nicht freiwilliges - Vorschuljahr mit Schwerpunkt Deutsch festlegen. Damit würde man diesen Kindern am meisten helfen! Die Entscheidung darüber, wer dieses Vorschuljahr machen muss, sollte man aber nicht den Eltern überlassen.

Das hat man ja schon versucht und ist eigentlich damit gescheitert. Fragen sie nur einmal einige Volksschullehrerinnen mit solchen leistungsschwachen Kindern in der Klasse!

In einem Elternforum im Web habe ich kürzlich gelesen, wie sich eine Mutter über eine Volksschuldirektorin maßlos aufgeregt hat, weil diese ihr Kind von der Schulpsychologin auf Schulreife testen lassen wollte. Ohne Zustimmung der Eltern geht das in Österreich aber gar nicht. Die Mutter hat das also vehement abgelehnt und hat stattdessen dann das Attest einer (ihr offensichtlich bekannten) privaten Psychologin vorgelegt, das natürlich die Schulreife bestätigte.

Ich glaube nicht, dass diese Mutter ihrem Kind damit wirklich geholfen hat – ganz im Gegenteil.

Man weiß inzwischen ja, dass die Vorschul- und die Volksschulausbildung die Weichen für das gesamte spätere Leben stellen.

Kinder müssen spätestens in der Volksschule lernen, selbstständig zu werden und auch Regeln einzuhalten. Und sie sollten vor allem Lesen, Schreiben und Rechnen lernen!

Erstaunlicherweise ist noch nie in den Medien eine Volksschule präsentiert worden, in der die Kinder besonders gut Lesen, Schreiben und Rechnen gelernt haben. Stattdessen präsentieren sich Landesschulratspräsidenten, Politiker und Direktoren medial gerne bei sogenannten „Best practice" - Vorzeigeprojekten.

„Tablet-PCs für die Volksschule Oberhasendorf" – oder *„RAIKA spendet iPads für den Kindergarten Gurglbrunn"* lauten dann die Schlagzeilen, bei denen erfahrenen Pädagogen oft das „Geimpfte aufgeht", wie der Volksmund sagt …

Dass ich kein Gegner moderner Kommunikationsmittel oder des World Wide Web bin, sei einmal an dieser Stelle vorausgeschickt. Aber in einem Kindergarten oder einer Volksschule muss es doch andere Schwerpunkte geben, als mit einem iPad surfen zu können!

Ja, und noch einige andere Gedanken zur Volksschule.

Wie soll eine Volksschullehrerin 25 Kindern (davon vielleicht noch zwei Integrationskindern) Rechnen, Schreiben und Lesen beibringen, wenn die Hälfte der Kinder nicht stillsitzen, nicht alleine aufs Klo gehen, sich nicht die Schuhe zubinden kann oder das meiste von dem, was die Lehrerin sagt, gar nicht versteht?

Dass die Einbeziehung behinderter Kinder in den Regelunterricht die soziale Kompetenz der anderen Kinder fördert, ist unbestritten.

Das darf aber nicht dazu führen, dass deswegen die anderen Kinder nicht ordentlich Rechnen, Lesen und Schreiben lernen.

Die Schulaufsicht brüstet sich ja gerne mit solchen Inklusionsklassen, und manchmal steht dann sogar der Schulinspektor bei den Integrationskindern - vor allem dann, wenn die Presse da ist.

Da ist dann selbstverständlich auch eine zweite Lehrerin in der Klasse, die sich nur um die Integrationskinder kümmert.

Kaum ist die Presse weg, wird die Integrationslehrerin wieder zum Supplieren abgezogen – und schwupps - ist die Stammlehrerin wieder allein mit allen Kindern.

Das ist leider kein Einzelereignis, sondern eher die Regel an vielen Volksschulen. Dazu kommt häufig noch das oben schon angesprochene Problem mit den mangelhaften Deutschkenntnissen von Migrantenkindern ...

Es wurde wieder typisch österreichisch etwas halbherzig umgesetzt, das langfristig nicht zufriedenstellend funktionieren wird. Integrations- und Migrantenkinder in der Klasse?

Ja natürlich ist das möglich, dann aber nur mit durchgehender Zweitbetreuung für eine beschränkte Anzahl von Integrationskindern und mit ausreichenden Deutschkenntnissen aller Migrantenkinder!

Sonst muss man sich nicht wundern, dass auch immer mehr Volksschullehrerinnen an Burn-Out erkranken und auch Kinder mit deutscher Muttersprache nicht mehr richtig Lesen und Schreiben lernen.

Nochmals: Deutschkurse für Vorschüler auf *freiwilliger* Basis anzubieten, ist sinnlos. Sobald nur ein einziges Kind mit nicht ausreichenden Deutschkenntnissen in einer Volksschulklasse sitzt, wird die Lehrerin diesem Kind ein überproportionales Maß an Aufmerksamkeit widmen müssen. Dass das unter Umständen auf Kosten der restlichen Kinder gehen kann, sollte nicht einfach immer wegdiskutiert werden.

Dieses Thema erscheint mir so wichtig, dass ich es in einem späteren Kapitel nochmals im Detail behandeln möchte.

An den höheren Schulen stellen Schülerinnen und Schüler schon ein wesentliches Element der Schulpartnerschaft dar. Die Zeiten von Schüler Gerber und Gott Kupfer sind glücklicherweise vorbei, und Schüler von heute kennen ihre Rechte recht genau und fordern sie im Zweifelsfall auch ein.

Mit den Pflichten nehmen sie es zwar dann oft nicht so genau – aber seit Menschengedenken haben Jugendliche immer wieder versucht, ihre Freiräume auszuloten.

Sie testen auch heute immer wieder, wie weit man in einem System gehen kann. Auch wir waren in unserer Jugend nicht anders.

Was sich allerdings grundlegend verändert hat, ist das Verhalten von Jugendlichen zu den Erwachsenen und damit auch zu ihren Lehrern und Eltern.

Lehrer sind nicht mehr von vornherein Respektspersonen. Jeder Klassenlehrer, jede Klassenlehrerin kennt das: man kommt in eine neue Klasse und steht sofort auf dem Prüfstand. Und man muss sich den Respekt der Schüler immer wieder neu verdienen.

Viele junge Lehrerinnen und Lehrer haben schon den Fehler gemacht, in einer neuen Klasse sofort den coolen Kumpel spielen zu wollen. Das funktioniert auf Dauer nicht. Auch wenn sich die Unterrichtsmethoden geändert haben, und der Lehrer heute schon oft eher Coach und Trainer in der Klasse ist: Jugendliche wollen und brauchen Lehrer, die die Regeln vorgeben, diese kontrollieren und natürlich auch selber einhalten.

Sie brauchen Lehrer, die zuverlässig und kalkulierbar in ihren Entscheidungen sind – natürlich auch in der Notengebung. Sogenannte „strenge Lehrer" bekommen durchaus auch den Respekt der Schüler, aber Strenge funktioniert nur, wenn sie Hand in Hand mit fachlicher Kompetenz, mit der Fähigkeit zu begeistern, mit Konsequenz und vor allem mit unbedingter Gerechtigkeit geht. Nichts kann Jugendliche so sehr kränken wie eine ungerechte Behandlung.

Auch wenn Schüler sich während ihrer Schulzeit über manche „strenge" Lehrerinnen und Lehrer beschweren - viele Jahre später sprechen sie oft in Dankbarkeit und Respekt genau von diesen.

Dass man als Lehrer die Schüler respektvoll behandeln muss, um auch ihren Respekt zu erhalten, ist wohl selbstverständlich.

Ich habe in meiner Zeit als Abteilungsvorstand einer HTL auch einen Kollegen kennen gelernt, der sich ungemein streng gebärdete und trotzdem von den Schülern nicht akzeptiert wurde. Der Grund lag darin, dass er immer wieder einzelne Schüler – vor allem Einzelgänger, Leistungsschwache, Migrantenkinder oder ihm einfach nicht sympathische Schüler – ungerecht beurteilt und sogar öffentlich beleidigt hat.

Es lag dann an der Schulleitung, diese Dinge zu untersuchen und weiter zu melden. Der Landesschulrat als vorgesetzte Dienststelle hat dann eine „Lösung" gefunden: der Lehrer wurde an eine andere Schule versetzt…

Auch ein heikles Thema, das in letzter Zeit schon mehrmals öffentlich diskutiert wurde, ist das Schulschwänzen. Viele Eltern sind irrtümlich der Meinung, sie könnten ihr Kind vom Schulbesuch nach eigenem Gutdünken „entschuldigen". Es ist mir immer wieder passiert, dass Eltern als Rechtfertigung für solche Aktionen Gründe nannten wie „wir hatten die Flugtickets ja schon gebucht", „in der letzten Schulwoche passiert ja ohnehin nichts Sinnvolles mehr", und so weiter…

Diese Eltern haben noch nicht begriffen, dass der Staat für die Ausbildung ihrer Kinder eine Infrastruktur zur Verfügung stellt, die sehr viel Steuergeld kostet. Eine durchschnittliche BHS-Klasse kostet dem Staat mehr als 200.000 Euro im Jahr! (*Quelle: Statistik Austria, Bildung in Zahlen*).

Ein geordneter Unterricht ist aber kaum möglich, wenn alle Eltern nach Gutdünken entscheiden wollen, wann ihr Kind die Schule besucht, und wann nicht.

Aus diesem Grunde halte ich auch überhaupt nichts von dem Vorschlag, Eltern bzw. Schüler sollten sich Ferientage individuell aussuchen können – so wie er kürzlich von der Bildungssprecherin einer Partei geäußert wurde und jetzt sogar ernsthaft diskutiert wird. Dazu fällt mir nur ein passendes Wort ein: Schnapsidee…

Was das organisatorisch bedeutet, kann man sich leicht jetzt schon ansehen. Besuchen sie einmal am Aschermittwoch oder an einem „Fenstertag" (einem Schultag zwischen zwei Feiertagen) eine höhere Schule und schauen sie einmal in die Klassenräume...

Zugegeben: das vereinzelte Versäumen einzelner Schultage ist für gute Schülerinnen und Schüler nicht wirklich ein Problem. Wenn das die Hälfte einer Klasse gleichzeitig praktiziert, kann man aber den regulären Unterrichtsbetrieb für diesen Tag vergessen und verschwendet damit eigentlich nur Steuergelder.

Viele Eltern decken auch ihre Kinder, wenn sie gezielt Schularbeiten und Tests versäumen. Ob das eine gute Vorbereitung für das spätere Leben ist, überlasse ich der Beurteilung des Lesers.

Diese Praxis hat sich aber bereits eingebürgert und gilt unter Eltern als „Kavaliersdelikt" oder wird von manchen sogar als ihr gutes Recht angesehen – auch nachzulesen in der „Leistungsbeurteilungsverordnung" in der geltenden Form. Dass sich das Kind damit das Lernen ganzer Stoffbereiche erspart, ist ja der gewünschte Nebeneffekt. Kann sich jeder Schüler in Zukunft noch fünf Ferientage individuell aussuchen, werden mit Sicherheit einige Tage mit Schularbeitsterminen darunter sein – darauf möchte ich jetzt schon wetten.

Das könnte man aber schlagartig ändern, wenn prinzipiell jede schriftliche Leistungsbeurteilung nachgeholt werden müsste, und zwar zu vorgegebenen Terminen – genau so wie an der Uni.

Wenn man schon universitäre Sitten in der Sekundarstufe einführt (wie mit der „modularen Oberstufe"), sollte man das konsequent auch in der Leistungsbeurteilungsverordnung tun.

In den höheren Schulen gibt es ja auch die so genannten „eigenberechtigten" Schüler, die sich in den höheren Klassen ihre Entschuldigungen schon selbst ausstellen dürfen. Hier kennt jeder Klassenvorstand Fälle, dass Schüler pro Schuljahr 250 bis 300 Fehlstunden aufwiesen – natürlich alle selbst entschuldigt…

Selbst das Verlangen eines ärztlichen Attests durch den Klassenvorstand in solchen kritischen Fällen bringt kaum eine Verbesserung.

Ohne unserer Ärzteschaft pauschal nahe treten zu wollen: es scheint bei manchen Ärzten schon sehr, sehr einfach zu sein, eine „Krankschreibung" (und das auch nachträglich) zu bekommen…

Dass diese Fehlzeiten letztendlich den Schulerfolg massiv beeinträchtigen, lässt sich statistisch leicht nachweisen. Meiner persönlichen Erfahrung nach sind sicher mehr als 70% der „Nicht genügend" in den höheren Klassen eng mit zu hohen Fehlzeiten gekoppelt.

Schon im Interesse der Eltern und der Schüler müsste sich hier endlich etwas ändern. Es gibt ja derzeit schon die Möglichkeit, häufiges ungerechtfertiges Fehlen gesetzlich zu ahnden. Dabei sind prinzipiell sogar Haftstrafen für zu nachlässige Eltern möglich. Allerdings wird diese Möglichkeit für Sanktionen bundesländerweise sehr unterschiedlich genutzt. In Wien gibt es doch mehrere hundert Anzeigen pro Jahr, im Burgenland sind es vielleicht maximal fünf.

Besser als zu strafen wäre es natürlich, ein entsprechendes Bewusstsein bei Eltern und Schülern zu fördern.

Die meisten engagierten Klassenvorstände versuchen das ohnehin schon jahrelang. Aber ohne breite mediale Unterstützung wird sich in der öffentlichen Meinung zu diesem Thema kaum etwas ändern.

Es gibt also im Zusammenleben zwischen den drei Gruppen der Schulgemeinschaft (Eltern-Schüler-

Lehrer) noch genug Bereiche, in denen viel zum Verständnis der „anderen Seite" getan werden muss.

Die Eltern sollten die Zukunft ihrer Kinder nicht kampflos den „Bildungsexperten", den Lehrergewerkschaften und den Politikern überlassen. Auch die Eltern müssen sich hier endlich mit konkreten und konstruktiven Vorschlägen einbringen.

Die sollten aber auch der Lehrerschaft gegenüber fair und realisierbar bleiben – sonst ist mit Unterstützung von dieser Seite her kaum zu rechnen.

Das anonyme Schimpfen mancher Eltern auf die Lehrer oder auf die Politik in irgendwelchen Internetforen bringt da überhaupt nichts.

An jeder Schule gibt es die Elternvertreter und die Elternvereine, die eigentlich das gemeinsame Sprachrohr aller Eltern sein sollten.

Leider wird dieses Instrument von vielen Eltern gar nicht genutzt. Schade!

Die Medien und die Politik – die unheilige Allianz?

Diese beiden eng verflochtenen Bereiche würde ich als die „unheilige Allianz" unserer Zeit bezeichnen.

Alle geplanten und durchgeführten Reformen der letzten Jahrzehnte in Österreich sind durch diese Interessensgemeinschaft massiv beeinflusst worden – natürlich auch in der Bildungslandschaft.

In den mehr als dreißig Jahren, in denen ich die österreichische Schulpolitik bewusst beobachtet habe, hat es zwischen den Entscheidungsträgern in der Öffentlichkeit kaum sachpolitische, sondern fast nur parteipolitisch geprägte Diskussionen gegeben, für die die Medien immer ein williges Forum boten.

Jeder kennt die spätabendlichen TV-Talkrunden, zu denen vor allem einmal Spitzenpolitiker und Gewerkschaftsvertreter eingeladen werden. Nach spätestens zehn Minuten ist von einer sachlichen Bildungsdiskussion keine Rede mehr, man ergeht sich in parteipolitisch gefärbten gegenseitigen Beschuldigungen und der genervte Zuseher hört wieder einmal nur die ohnehin schon hinreichend bekannten Floskeln und Worthülsen.

Dabei könnten Redakteure und Journalisten durchaus interessante Aspekte einbringen, wenn sie sich nicht von Politikern missbrauchen ließen, sondern wirklich unabhängigen und kritischen Journalismus betreiben würden.

Das soll selbstverständlich kein Pauschalurteil sein. Natürlich habe ich in meinem Leben auch mutige, objektive und kritische Journalisten kennengelernt. Nur scheinen die heute schon in die Minderzahl zu geraten.

In vielen Medien ist der politische Einfluss offensichtlich – sie werden zum Teil ja von politischen Parteien mitfinanziert. Umgekehrt werden aber auch Politiker in ihren Entscheidungen ständig von den Medien massiv beeinflusst.

Bestes Beispiel dafür in Österreich ist die Kronenzeitung. Sie hat trotz aller neuen sozialen Plattformen noch immer eine derartige realpolitische Bedeutung, dass sich manche Politiker vor ihr mehr fürchten als vor dem Wähler.

Selbst der ORF, der sich gerne als unabhängig präsentiert, ist es in Wirklichkeit natürlich nicht. Man analysiere nur einmal bewusst die tägliche Berichterstattung in der Lokalsendung „Bundesland heute".

Kein Tag, in dem nicht mindestens einmal pro Sendung - oft sogar zwei- oder dreimal - der Landeshauptmann seine Wortspende zu irgendeinem beliebigen Thema abgibt, und damit dem genervten Seher im freundlichsten Fall ein „nicht schon wieder" entkommt. Man hat ohnehin den Eindruck, die Haupttätigkeit eines Spitzenpolitikers besteht heute darin, von einem Fernsehinterview zum nächsten zu hetzen.

Auch überregional ist der Einfluss politischer Gesinnungen im ORF ständig merkbar. Ein gutes Beispiel dafür ist für mich ein bekannter und oft als „kritisch" bezeichneter ZIB-2 – Sprecher.

Es ist ja durchaus zu begrüßen, wenn auch an Politiker unangenehme Fragen gestellt werden. Es fällt bei seinen Interviews einem objektiven Beobachter aber schon auf, dass Politiker aus verschiedenen Lagern von ihm sehr unterschiedlich – zum Teil auch recht überheblich - behandelt werden.

Ein gutes Beispiel dafür war und ist Frank Stronach. Dieser Mann hat in Österreich mehr Arbeitsplätze geschaffen als alle Spitzenpolitiker der zweiten Republik zusammen. Trotzdem wird er im ORF wie ein Kasperl behandelt, und jeder Versprecher von ihm wird medial ausgewalzt bis zum Abwinken.

Und ein H.C. Strache wird im ORF wohl nie mit demselben Umgangston des Interviewers rechnen können wie ein sozialdemokratischer Spitzenpolitiker.

Kritischer Journalismus muss aber mehr sein, als rotzfreche Interviews zu führen – vor allem muss er fair, objektiv und unparteiisch bleiben.

Bei vielen mitdenkenden Zusehern wird ja mit einer unfairen Gesprächsführung oft das Gegenteil von dem erreicht, was Moderatoren offensichtlich damit bewirken wollten.

Dass Ende 2014 in Deutschland plötzlich der Begriff „Lügenpresse" auftauchte, ist doch auch ein Indiz für das Unbehagen vieler Menschen im Zusammenhang mit der heutigen Praxis der Berichterstattung.

Egal welches gesellschaftliche Problem wir hernehmen – Asylpolitik, Integration, Minderheiten, Islamismus, bis hin zu vergleichsweise „harmlosen" Themen wie der Bildungsrefom – man hört und sieht zu diesen Themen auch in den deutschsprachigen „Öffentlich Rechtlichen" viel zu wenig Beiträge, die sich wirklich kritisch und objektiv mit den Problemen auseinandersetzen. Stattdessen gibt es viel zu viele einseitige, schöngefärbte und politisch opportune Berichte.

Es ist auch bezeichnend, wie genervt, ja sogar hysterisch und bösartig manche Medien auf die Bezeichnung „Lügenpresse" reagierten, statt sich einmal an der Nase zu nehmen und sich zu fragen, ob da vielleicht ein Körnchen Wahrheit drinnen stecken könnte…

Mich hat ja auch gewundert, dass in Deutschland bis zu 25.000 Teilnehmer an den Pegida - Demonstrationen teilgenommen haben. Nachdem die Demonstranten aber in vielen Medien gleich einmal pauschal als hirnlose Nazis hingestellt wurden, hat es mich eigentlich nicht erstaunt, dass fast keiner der Demonstranten daraufhin das Bedürfnis zeigte, freundlich mit den Reportern zu plaudern.

Selbstverständlich haben öffentlich rechtliche Medien die Aufgabe, integrierend zu wirken und Verständnis auch für Randgruppen und Minderheiten zu fördern. Aber das ginge wohl besser mit objektiver Berichterstattung statt mit ständigem Schönfärben, Negieren und der vorsätzlichen Abklassifizierung all derer, die eine andere Meinung als die Redaktion haben.

Anfang 2015 meinten die zwei sozialdemokratischen Landeshauptleute Voves und Niessl, man müsse Integrationsunwillige bestrafen und man habe bei diesem kritischen Thema viel zu lange weggeschaut.

Da brach doch glatt ein Sturm der Empörung bei allen Linkslinken und Gutmenschen aus – und das nicht nur parteiintern, sondern auch bei den öffentlich-rechtlichen Medien und auf den sozialen Plattformen.

Dabei hatten die beiden nur ausgesprochen, was sich viele ihrer sozialdemokratischen Wähler wohl selbst auch schon gedacht hatten.

Noch schlimmer ist die Situation ja in all jenen Privatmedien, in denen politische Parteien offen oder versteckt wichtige Inserenten oder sogar Miteigentümer sind.

Ein schönes Beispiel für politische Einflussnahme bis in die unterste Ebene lieferte mir das ehemalige burgenländische Kabelfernsehen BKF (inzwischen an einen Wiener Eigentümer verkauft und umgetauft).

In den Gründerjahren wurde dort durchaus interessanter Journalismus betrieben, der sich keineswegs nur auf lokale Berichterstattung beschränkte. Es wurden kulturelle Events abseits des ORF-Musikantenstadl - Mainstreams gefördert und oft auch kritisch und tatsächlich „ohne Maulkorb" über aktuelle Ereignisse berichtet. Mit den Jahren wurde dann der parteipolitische Einfluss immer stärker, das Programm immer mehr politisch „gefärbt" und damit der

Sender als objektives Informationsmedium immer uninteressanter.

Eine befreundete Redakteurin des BKF hat mir damals erzählt, sie hätte es auf einer Veranstaltung gewagt, den dort anwesenden Landeshauptmann ausnahmsweise einmal NICHT zu interviewen, sondern sie wollte in ihrem Bericht einmal neue Wege beschreiten. Einige Stunden später wurde der Chefredakteur des Senders bereits diesbezüglich aus dem Büro des Landeshauptmannes angerufen. Bei der folgenden Besprechung mit ihrem Chef wurde der Redakteurin dann klar gemacht, dass sie sich gefälligst an die Spielregeln zu halten habe, wenn sie ihren Job noch länger behalten wolle…

Politische Einflussnahme kommt also nicht so selten vor, wie uns unsere Medien immer weismachen wollen. Meist erfolgt sie allerdings nicht so unmittelbar und so offensichtlich wie im oben geschilderten Fall.

Dass wirklich unabhängiger Journalismus auch in Österreich nicht ganz einfach ist, ist mir schon klar.

Aber gerade das sollte doch die Hauptaufgabe einer freien Presse sein!

Es gibt ja nur einen einzigen Faktor, der die Berichterstattung noch mehr beeinflusst als der politische Opportunismus. Und das ist die QUOTE!

Auch Politiker stellen sich heute in den Medien vor allem einem „Beauty-Contest" *(Quelle: Matthias Strolz)* und Journalisten berichten viel lieber vom sensationellen Auftritt eines Spitzenpolitikers in Lederhosen beim Musikantenstadl oder beim Bockbieranstich als über sachpolitische Themen. Klar – das bringt ja auch weit mehr an Quote.

Der Trend zum Boulevardjournalismus hat leider auch bei unseren klassischen Medien schon Einzug gehalten. Promis, schräge Vögel und Politiker dominieren auch hier die aktuelle Berichterstattung und werden – so ferne die politische Linie passt – auch entsprechend hofiert.

Dann macht einer dieser Politiker aber einmal einen Fehler und gerät in das mediale Kreuzfeuer. Sofort stürzen sich dieselben Journalisten, die ihn vorher jahrelang hofiert haben, wie die Hyänen auf ihn, um damit auch wieder ihre Quote zu machen. Journalisten argumentieren ja immer damit, dass das alles ein hartes Geschäft sei.

Und mit dieser Begründung darf man dann mehr keine Fairness im Umgang miteinander zeigen?

Vor allem unsere Boulevardmedien leben heute geradezu von Schuldvermutungen, Vorverurteilungen und Rufmord – ganz zu schweigen von den „modernen" Medien wie Facebook oder Twitter.

Amtierende Politiker dürfen sich daher auch kaum Fehler erlauben. Gibt es einen unangenehmen Vorfall, der in den Zuständigkeitsbereich eines bestimmten Ministers fällt, kommt garantiert schon beim ersten Interview die Frage an ihn: „Werden sie jetzt zurücktreten?" Selbst dann, wenn das schon lange vor seiner Amtszeit passiert ist…

In letzter Zeit hat es auch genug Beispiele dafür gegeben, wie Spitzenpolitiker schon wegen einer Lappalie über den Druck der Medien „abgeschossen" wurde. Ein besonders schönes Beispiel dazu war in Deutschland die „Affäre Wulff".

Daher werden Politiker auch immer vorsichtiger und wagen es kaum mehr, Entscheidungen zu treffen, die nicht mit breiter medialer Unterstützung rechnen können. Diese Tatsache wird echte Reformen in Österreich leider auch nicht leichter machen.

Ich habe eigentlich den Mut bewundert, als ÖVP und SPÖ in der Steiermark in einem bemerkenswerten Schulterschluss viele an und für sich vernünftige Gemeindezusammenlegungen gegen den Widerstand vieler Bürgermeister durchgezogen haben. Leider wurden sie dafür bei der folgenden Landtagswahl mit Verlusten von bis zu 18% bestraft. Das zeigt leider auch, dass der durchschnittliche Wähler kaum geneigt ist, über den eigenen Tellerrand hinauszuschauen und Verständnis für überregionale Strukturreformen aufzubringen. Wenn man ihm das Gemeindeamt seiner 100-Seelen-Gemeinde wegnimmt, reagiert er natürlich böse – auch wenn diese Einsparung eigentlich sinnvoll war und letztendlich wieder den Bürgern zu Gute kommt. Vielleicht wäre vor so einer Reform doch viel mehr an Aufklärungsarbeit notwendig gewesen?

Wenn sich daher unsere Spitzenpolitiker extrem vorsichtig an alle Reformen herantasten, liegt das sicher zu einem guten Teil an ihrer Furcht vor der „öffentlichen Meinung" und dem Risiko eines möglichen Stimmenverlustes.

Ein gutes Beispiel dafür ist die noch ausstehende „echte" Pensionsreform. Kein Politiker getraut sich derzeit, die große Wählergruppe der Pensionisten zu vergrämen, obwohl alle wissen, dass das, was da bereits als Pensionsreform verkauft wurde, die Probleme unserer Kinder und Enkel in den nächsten Jahrzehnten nicht wirklich lösen wird.

Viele Journalisten pflegen bewusst die persönliche Nähe zu Politikern, weil sie meinen, damit zu „Insidern" mit Informationsvorsprung zu werden. Was allerdings von den Politikern in der Öffentlichkeit gesagt wird, hat meist mit der Wahrheit relativ wenig zu tun.

Wie schrieb der Journalist Hans Csokor so schön: *„Politiker beherrschen die neue Form des unverschämten Lügens"*. Der Soziologe Paul Kellermann sieht das in seinem letzten Buch ähnlich: *„Ehrliche Politiker sind zum Scheitern verurteilt"*, schreibt er da.

Dem braucht man eigentlich nicht viel hinzuzufügen. Liebe Journalisten! Die Wahrheit werdet ihr nicht in den Pressekonferenzen unserer Spitzenpolitiker finden!

Heute sind es ja leider auch nicht immer unsere fähigsten Köpfe, die in der hohen Politik zu finden sind.

Manche Menschen machen ihren Weg zu einem Spitzenjob halt lieber über den Apparat einer politischen Partei als durch die eigenen Fähigkeiten – das ist ja auch viel einfacher...

Die Politikverdrossenheit wird daher nicht nur bei Jugendlichen, sondern auch bei den Menschen meines Alters zu Recht immer stärker.

Die gegenseitige Abhängigkeit von Medien und Politik hat natürlich auch auf die mediale Berichterstattung im Bildungsbereich und damit auf alle bildungspolitische Entscheidungen erheblichen Einfluss.

Soll zum Beispiel über die „Neue Mittelschule" berichtet werden, wendet sich der Redakteur des Landesstudios dorthin, wohin er sich immer in solchen Fällen wendet – an den Präsidenten des Landesschulrates – übrigens eine rein parteipolitisch besetzte Funktion.

Korrekt heißt es „amtsführender Präsident des Landesschulrates", weil dieser ja stellvertretend für den Landeshauptmann agiert und normalerweise hundertprozentig dessen politische Ansichten vertritt.

Der Herr Präsident erklärt dann im ersten Interview getreu seiner Parteilinie, welch großer Erfolg das neue Modell der Neuen Mittelschule doch sei, lädt den Journalisten in eine Schule ein, die zufälligerweise von einer Parteifreundin als Direktorin geführt wird – und wo sich (wieder rein zufällig) zwei als parteipolitisch „unbedenklich" eingestufte Lehrer in einem Interview zu dieser tollen Sache äußern dürfen.

Dass es bei einer solchen Vorgehensweise auf Dauer zu einer massiven Fehlinformation der Öffentlichkeit kommen muss, ist naheliegend.

Ich habe auch selbst jahrelang erfahren müssen, wie schwierig es für eine Schule ist, einen medialen Beitrag zu bekommen, wenn sich kein Spitzenpolitiker dabei präsentieren kann.

Es war unserer Schule z.B. nicht möglich, von unserem Landesstudio des ORF einen Fernsehbericht zu bekommen, als zwei unserer Schüler bei einem europaweiten Technikwettbewerb mit rund 150 teilnehmenden Teams aus über 20 Nationen mit einem sehr innovativen Projekt den ersten Platz belegt hatten.

Die zuständige Redakteurin bemerkte am Telefon nur lakonisch, sie hätte für diese Woche schon genug „Schulbeiträge".

Am nächsten Tag lief dann in der Lokalsendung ein Fernsehbericht, in dem eine Hauptschule eine Webseite zum Thema „Krötenwanderung" präsentierte und der Herr Landeshauptmann, der Herr Landesschulratspräsident und zwei Schüler zusammen

angestrengt einen bunten Bildschirm beobachteten…
Kommentar überflüssig.

Es gibt meiner Meinung nach viel zu wenig Journalisten, die sich politisch unbeeinflusst und selbstständig eine Meinung darüber bilden, was in unseren Schulen tatsächlich läuft.

Das wird natürlich auch von den Landesschulräten bewusst kontrolliert und gesteuert. Jeder Besuch eines Journalisten an einer Schule muss durch ihn genehmigt werden.

Und da Lehrer auch noch im Ruhestand an die Amtsverschwiegenheit gebunden sind und bei Verstößen sogar mit einer Pensionskürzung bestraft werden können, getraut sich ja auch kaum einer der pensionierten Lehrer den Mund aufzumachen.

Aber ohne dass die Medien auch einmal direkt von der Basis her informiert werden, wird sich langfristig nichts ändern.

Liebe Lehrerinnen und Lehrer – traut euch endlich!

Die Position des amtsführenden Landesschulratspräsidenten (bzw. der Wiener Stadtschulratspräsi-
dentin) ist wie schon erwähnt, eine rein parteipolitisch besetzte. Im Gegensatz zu jedem Lehrer, der
seine Qualifikation für diesen Posten vor seiner Anstellung nachweisen muss, ist das bei einem amtsführenden Präsidenten des Landesschulrates nicht notwendig.

Überspitzt ausgedrückt: hier kann es als Qualifikation durchaus ausreichend sein, mit dem amtieren-
den Landeshauptmann einmal in derselben Sandkiste
gespielt zu haben...

Dazu kommen noch je nach Proporzregelung des
Bundeslandes ein bis zwei Vizepräsidenten, die zwar
offiziell als Kontrollorgane gehandelt werden, weil sie
in der Regel einer anderen Partei als der Präsident
angehören, die aber de facto nicht viel mitzureden
haben – und damit eigentlich überflüssig sind. Dafür
beziehen sie aber ein recht stattliches Gehalt von bis
zu 8100.- Euro brutto monatlich.

Da fragen sich schon viele Österreicher, wieso
man nicht hier mit den Sparmaßnahmen beginnt...

Aber die Landesschulräte bzw. der Wiener Stadtschulrat sind in der bestehenden Form ein nicht zu unterschätzendes parteipolitische Machtinstrument der Landeshauptleute. Da wird sich in Zukunft wohl nichts Wesentliches ändern.

Besonders peinlich ist es ja, wenn sich frühere Landesschulratspräsidenten, Nationalratsabgeordnete und andere ehemalige Spitzenpolitiker jetzt plötzlich als Bildungsexperten präsentieren und großmundig verkünden, was denn im System Schule alles falsch läuft. In ihrer Zeit als aktive Politiker haben sie aber dazu brav den Mund gehalten und nicht einmal ansatzweise versucht, aus dem parteipolitischen Korsett auszubrechen. Solche Menschen sind für mich absolut unglaubwürdig. Aber die Medien geben nur allzu gerne solchen Selbstdarstellern die Bühne, die sie brauchen.

Noch einige Gedanken zur Stellenvergabe im Bildungswesen. In meiner Vergangenheit musste ich oft erleben, wie personelle Besetzungen bis hinunter in die Lehrerebene vom Landesschulrat rein parteipolitisch begründet getroffen wurden.

Ich erinnere mich da an die Ausschreibung einer Lehrerstelle an unserer Schule, für die es fünf Bewerber gab. Von uns wurde eine Stellungnahme abgegeben, in der eine Reihung der Bewerber nach sachlichen Kriterien vorgenommen wurde.

Es wird ja vom Landesschulrat gerne behauptet, die Stellenvergabe würde nach streng objektiven Kriterien erfolgen – deswegen wurde auch ein so genannter „PQC" (Personell Quality Circle) eingerichtet, in dem ein Gremium von Direktoren und Personalvertretern zu den Bewerbern eine Stellungnahme abgeben kann. Dieser PQC schloss sich damals den Empfehlungen unserer Schule bzw. unserer vorgelegten Reihung der Kandidaten vollinhaltlich an.

Einer der weiter hinten gereihten Bewerber rief daraufhin einen alten Parteifreund an, der damals in der Kanzlei des Landeshauptmannes tätig war – und bekam prompt die Stelle, obwohl die Schule dagegen sofort Protest einlegte. Auch eine Begründung für die Nichteinhaltung unserer Reihungsliste wurde vom Landesschulrat abgelehnt.

Dass der Direktor einer Schule letztendlich gegen solche Einstellungen nichts tun kann und mit diesen Lehrern dann auch noch jahrelang arbeiten muss, gehört zu den größten Schwächen unseres derzeitigen Schulsystems.

Das soll sich ja in Zukunft alles ändern: es soll im Herbst 2015 die totale Autonomie für die Schulen beschlossen werden. Meine Bedenken dazu wurden schon im vorigen Kapitel behandelt. Es wird wohl wieder einmal ein österreichischer Etikettenschwindel werden.

Noch augenscheinlicher ist die parteipolitische Einflussnahme im Bereich der Bestellungen der Schuldirektoren und der Schulinspektoren.

Es war für mich jedes Mal erstaunlich, wie genau Insider bei einer Ausschreibung schon voraussagen konnten, wer von den Kandidatinnen oder Kandidaten das Rennen machen würde. Und das, obwohl von den Landesschulräten ja ständig betont wird, dass zur

Wahrung der Objektivität sogar externe Beraterfirmen zum Hearing beigegezogen werden…

Ich weiß aber auch aus einer Insiderquelle, wie in einem Hearingverfahren durch völlig subjektive und willkürliche Punktevergabe bei einigen Teilbereichen ein Wunschkandidat des Landeshauptmannes gezielt zum ersten Platz im Auswahlverfahren „geschoben" wurde.

Der Öffentlichkeit wird aber durch die Verwendung eines scheinbar objektiven Punkteverfahrens weiterhin Transparenz und Objektivität vorgegaukelt.

Es ist auch durchaus üblich, dass Ausschreibungen auf eine bestimmte Person hin „maßgeschneidert" werden – aber das kommt ja in der Wirtschaft auch vor.

Ein besonders beliebter Trick bei solchen Postenvergaben ist auch die „provisorische Betrauung" mit einer Spitzenfunktion. Damit erspart man sich vorerst eine öffentliche Ausschreibung und solche Personen sitzen dann oft jahrelang und bis zu ihrer Pensionierung auf diesem Posten. Auch so einen Fall

habe ich persönlich in meinem direkten Umfeld erlebt.

Beschwert sich die Personalvertretung im Bildungsministerium über eine solche Vorgangsweise,
erfährt man hinter vorgehaltener Hand, dass da das
Ministerium eigentlich nichts machen könne.

Solche Betrauungen erfolgen ja formal durch den
Landeshauptmann. Wenn der aber das entsprechende
politische Gewicht hat, kann sich - salopp ausgedrückt – das Ministerium „brausen gehen".

Gibt es im Bundesland eine rot-schwarze Koaliti-
onsregierung, wird bei der Ernennung von Direktoren gerne in der guten alten Tradition des österreichischen Proporzes so vorgegangen: Roter Direktor – schwarzer Direktor – roter Direktor – schwarzer Direktor, usw...

Gibt es nur eine vergleichbare Institution im
Land, wie z.B. eine Fachhochschule, setzt man statt
eines geeigneten Bildungsfachmannes dann halt einen
roten und einen schwarzen Parteisoldaten gemeinsam
an die Spitze und wundert sich in Folge über das
schlechte Image bei den eigenen Studenten…

Aber da gibt es ja auch einen beliebten Trick: man stellt sich unabhängigen Rankings für Fachhochschulen (z.B. dem von „News") gar nicht mehr und gibt stattdessen eine bezahlte Studie in Auftrag, die dann wunschgemäß eine ausgesprochene Zufriedenheit bei den Studenten bescheinigt. Diese Studie wird dann stolz in den Medien präsentiert, und der Steuerzahler ist wieder zufrieden. Das soll ja irgendwo in Österreich tatsächlich vor kurzem passiert sein…

Noch ein weiterer Diskussionspunkt bei der Postenvergabe im Bildungsbereich sind für mich Quotenregelungen.

Hier halte ich eine generelle Quotenregelung für Frauen nicht für sinnvoll.

Manche Leserinnen werden jetzt wahrscheinlich aufschreien – aber weder bei meiner langjährigen Tätigkeit in der Industrie noch im Schulwesen habe ich den Eindruck gewonnen, dass eine Quotenregelung – egal für welche Personengruppe - langfristig für irgendein System wirklich von Vorteil gewesen wäre.

Auch die Quotenregelungen für Latinos und Afroamerikaner, die etwa um 1970 in den USA eingeführt wurden, haben eigentlich für die Masse dieser Menschen nicht das gebracht, was eigentlich beabsichtigt war. Deswegen wurden sie dort stillschweigend wieder abgeschafft. Und Barack Obama ist auch ohne eine Quotenregelung Präsident geworden.

Natürlich gibt es auch in den USA noch genug an Rassismus, der energisch bekämpft werden muss.

Aber dort hat man wenigstens schon begriffen, dass Quotenregelungen einfach kein geeignetes Mittel dazu sind.

Ein interessantes Beispiel, was so gut gemeinte Quotenregelungen eigentlich anrichten können, ist Norwegen. Dort wurde 2003 eine gesetzliche Mindestquote von 30% für weibliche Aufsichtsratsposten in der Wirtschaft eingeführt. Was das wirklich bewirkt hat, ist im Detail sehr schön in folgender Arbeit nachzulesen: „*Quotenregelung in Norwegens Wirtschaft - Ein geeignetes Mittel zur Gleichstellung der Geschlechter?*", die Bachelorarbeit von Rita Hörmann.

Dass dort jetzt einige wenige Alibi - Quotenfrauen (in Norwegen spöttisch „Goldröcke" genannt) pro forma in bis zu 15 Aufsichtsräten gleichzeitig sitzen, kann doch wohl nicht der Sinn dieser Regelung gewesen sein!

Ich möchte die oben genannte Arbeit hiermit allen Kämpferinnen um gesetzliche Quoten für Frauen dringend zur Lektüre empfehlen.

Aber statt die Auswirkungen solcher Gesetze objektiv zu evaluieren, werden solche Unsinnigkeiten in Österreich (und auch in Deutschland) ungeprüft übernommen, um eine bestimmte weibliche Lobby ruhig zu stellen…

Übrigens führt man in Norwegen konsequenterweise jetzt auch die allgemeine Wehrpflicht für Frauen ein. Das ist bei unseren emanzipatorischen Vorkämpferinnen aber erwartungsgemäß auf wesentlich weniger Begeisterung gestoßen…

Wenn eine Bewerberin im öffentlichen Dienst oder in der Wirtschaft in erster Linie deswegen eine Stelle bekommt, weil sie weiblich ist, ist das außer für die Bewerberin für niemand von Nutzen. Und das ist wohl keine ausreichende Rechtfertigung. Außerdem ist das auch eine Form der Diskriminierung – nämlich die des männlichen Geschlechts.

Auch dass Frauen in bestimmten Berufen unterrepräsentiert sind, ist keine wirkliche Begründung.

Sonst müsste man ja wohl auch männliche Quoten für Volksschullehrer oder Kindergärtner einführen.

Bezeichnet für den momentanen Trend in Österreich ist sowieso, dass Frauen schon von früher Kindheit an massiv gefördert werden – von der Schule bis zur Postenvergabe gibt es bereits unzählige spezielle Förderungen, Netzwerke, Kulturpreise nur für Frauen und eben auch gesetzliche Quotenregelungen.

Unsere Burschen haben dagegen laut Statistik die größeren Schulprobleme, sind eher sucht- und gewaltgefährdet, haben das größere Unfallrisiko, haben natürlich Wehrpflicht zu leisten, werden durch Quotenregelung bei der Postenvergabe benachteiligt und sterben dazu noch früher. In unserer westlichen

Gesellschaft sind wohl die Männer schon das „schwache Geschlecht".

Ich denke, jetzt brauchen wir bald eine Gleichbehandlungskommission, die sich exklusiv der Männer annimmt…

Dazu haben wir noch eine Bildungs- und Frauenministerin, die allen Ernstes behauptet, es könne Frauen doch nicht zugemutet werden, bis 65 berufstätig zu sein – den Männern natürlich schon…

Dass bei so einer Ministerin auch in der Bildungspolitik einiges schief läuft, wundert mich nach dieser Aussage eigentlich nicht mehr.

Tüchtige und intelligente Frauen haben sich in unserer Wirtschaft immer ohne die Hilfe einer Quotenregelung durchgesetzt und die hatten auch immer meinen vollen Respekt - im Gegensatz zu jenen Personen (egal ob männlich oder weiblich), die es nur über eine politische Partei zu einem Spitzenjob geschafft haben.

Ich möchte auch noch einmal ausdrücklich betonen, dass ich in meinem Berufsleben nie Probleme mit einer Person nur deswegen hatte, weil sie weiblichen Geschlechtes war.

Die Arbeit von Johanna Dohnal und Barbara Prammer im Kampf um die Gleichberechtigung der österreichischen Frauen wurde von mir wirklich geschätzt. Aber was von ihren übereifrigen Epigoninnen in den letzten Jahren gefordert wurde, war nicht immer sinnvoll und hat manchmal leider genau das Gegenteil von dem bewirkt, was es eigentlich sollte.

Man spricht ja nicht zu Unrecht schon spöttisch von der „Binnen-I-Fraktion" im Parlament…

Kaum wird irgendwo eine Statistik veröffentlicht, die zeigt, dass Frauen in bestimmten Positionen unterrepräsentiert sind, kann man die Reaktion einiger Vorkämpferinnen schon voraussagen. Ohne dass die Gründe dafür objektiv recherchiert werden, landet die Schuld reflexartig bei der ach so bösen Männerwelt. Das ist kontraproduktiv und hilft der Sache der Frauenrechtsbewegung nicht weiter.

Übrigens machen da auch die Medien liebend gerne mit. Jedes Mal, wenn eine Statistik veröffentlicht wird, in der steht, dass der Durchschnittsverdienst von Frauen in Österreich noch unter dem der Männer liegt, kommt derselbe Aufschrei über diese Ungerechtigkeit.

Natürlich wird in den Meldungen dann meist gar nicht erwähnt, dass viel mehr Frauen als Männer in Teilzeitjobs arbeiten, dass ein Elektriker nachfragebedingt immer mehr verdienen wird als eine Friseuse, dass sich viele Frauen freiwillig für die Familie und gegen eine Karriere entscheiden, und noch viele andere Tatsachen, die den Unterschied eigentlich hinreichend erklären könnten.

Dass für dieselbe Tätigkeit geschlechtsunabhängig gleich hoch entlohnt werden muss, ist übrigens vom Beamtengehaltsgesetz bis zu allen Kollektivverträgen schon jahrelang gesetzlich festgelegt.

Trotzdem werden von manchen Medien dann die wenigen bestehenden Ausnahmen, die es zugegeben noch hier und da gibt, herangezogen, um damit die Gesamtstatistik - natürlich falsch - zu interpretieren.

Das ist verantwortungsloser Journalismus, meine Damen (und Herren)!

Der Begriff „Quotenfrau" war ja in der Öffentlichkeit noch nie ein Kompliment. Ganz im Gegenteil.

Ich habe persönlich erlebt, dass sich ein engagierter Lehrer nicht für eine Direktorenstelle bewarb, weil eine (meiner Meinung nach auch weniger geeignete) Kollegin aus dem Lehrkörper - noch dazu mit guten politischen Beziehungen - das auch tat.

Seine wörtliche Begründung: *„solange es den Kittelparagraphen gibt, bin ich da sowieso chancenlos".*

Sein Entschluss ist für mich nachvollziehbar. Auch wenn in diesem konkreten Fall die Quotenregelung nur die einfachste formale Begründung für eine eigentlich parteipolitisch motivierte Stellenvergabe geliefert hat.

Die schon mehrmals öffentlich angekündigte „Abschaffung der Landesschulräte" ist bei näherer Betrachtung leider auch wieder eine typisch österreichische Lösung: man will sie im Wesentlichen ja nur auf „Bildungsdirektionen" umbenennen, ohne die bestehenden Kompetenzen zu reduzieren oder etwa beim

Verwaltungsaufwand einzusparen – ganz im Gegenteil. Das wird wohl nichts bringen.

So ein halbherziger Schritt zur Einsparung in der Verwaltung war auch die Reduktion und Zusammenlegung der Bezirksschulinspektorate.

Im Burgenland wurden z.B. im Jahr 2014 die sieben Bezirksschulinspektorate durch vier zusammengefasste „Bildungsregionen" mit entsprechenden „Pflichtschulinspektoren" ersetzt und dadurch der administrative Aufwand etwas reduziert. Entlassen oder in den Lehrerstand zurückversetzt wurde – so wie in den meisten anderen Bundesländern auch – natürlich keiner der nicht mehr benötigten Bezirksinspektoren. Man fand da selbstverständlich andere (gleich gut bezahlte) Aufgaben.

Von einem mir bekannten Lehrer aus einem anderen Bundesland habe ich gehört, dass bei einer ähnlichen Zusammenlegung dort auch nur jene entlassen wurden, die wirklich etwas gearbeitet hätten: einige Sekretärinnen.

Aber dieser Lehrerkollege ist für seine böse Zunge bekannt …

Natürlich habe ich in meiner „aktiven" Zeit auch mit einigen guten Mitarbeiterinnen und Mitarbeitern des Landesschulrates zusammengearbeitet, die ihre Arbeit engagiert, fleißig und zuverlässig erledigt haben.

Trotzdem bin ich überzeugt davon, dass die Aufgaben aller neun Landesschulräte wesentlich kostensparender zentral erledigt werden könnten.

In dem mit uns größenmäßig vergleichbaren Nachbarstaat Bayern geht das ja auch zentral. Voraussetzung dazu wären natürlich gravierende strukturelle Reformen.

Eine einfache Umbenennung in „Bildungsdirektionen" mit einigen kosmetischen Änderungen ist aber wieder nur eine Täuschung des Bürgers.

Die Gehaltsverrechnung und die finanzielle Gebarung im Schulbereich gehören meiner Meinung nach sowieso eindeutig in den Bereich des Bundes – auch wenn die Landeshauptleute seit mehr als zehn Jahren gebetsmühlenartig immer wieder noch mehr Kompetenzen im Bildungsbereich fordern!

Auch 2015 kam wieder die Forderung einiger Landeshauptleute, die Bundeslehrer (AHS und BHS-Lehrer) endlich auch in die Landesverantwortung zu übernehmen – mit der absurden Behauptung, das würde 30 Millionen Euro einsparen.

Und das noch dazu mit der vorgeschobenen Begründung „mehr Autonomie für die Schulen".

Das würde meiner Meinung nach dann wirklich zum absoluten Supergau in unserem Bildungssystem führen.

Abgesehen von der weiteren Verpolitisierung der Schulen würden die Ausgaben für die Schulverwaltung mit Sicherheit noch weiter ansteigen.

Und statt der jetzt schon bestehenden unterschiedlichen Lehrerdienstrechte in Österreich hätten wir dann bald noch neun neue dazu.

Beim Thema Reformen stoßen wir immer wieder auf ein typisches Phänomen der Republik Österreich.

Unser Föderalismus mit den mächtigen Landesfürsten ist ein wesentlicher Hemmschuh für alle Reformansätze des Bundes – nicht nur im Bereich des

Bildungssystems! Das Problem der steigenden Asylantenzahlen und deren Unterbringung liefert ja gerade wieder einmal einen Beweis für diese Tatsache.

Ein langgedienter Landeshauptmann hat in Österreich eindeutig mehr politisches Realgewicht als jeder Minister. Wie soll eine Regierung da jemals umfassende bundesweite Reformen durchsetzen können?

Auch eine echte Verwaltungsreform wird es bei den derzeitigen politischen Verhältnissen nicht geben.

Was für viele andere Funktionen in Österreich gilt, wäre für die des Landeshauptmannes schon lange überfällig: eine zeitliche Beschränkung der Amtszeit!

Dass der Bund die wichtigsten Steuern einhebt, diese aber dann hauptsächlich von den Ländern ausgegeben werden, ist auch so eine österreichische Spezialkonstruktion.

Einen wirksamen Sparzwang für die Länder gibt es damit de facto nicht. Das hat man schon in der Vergangenheit bei den ständig überzogenen Budgets für die Landeslehrer gesehen. Auch dass die Wiener

Beamten noch immer im Schnitt mit 57 Jahren in die Pension gehen, ist wohl ein deutliches Indiz dafür.

Zu diesem konkreten Problem hat übrigens ein mächtiger Wiener Landeshauptmann dem Finanzminister über die Medien ausrichten lassen, das gehe ihn eigentlich ja gar nichts an. Zahlen darf aber der Bund (und damit wir alle) natürlich schon dafür.

Die Möglichkeit, Bundesgelder autonom im Land verteilen zu können, stärkt natürlich die Position des Landeshauptmannes bei seinen Wählern enorm.

Die Landeshauptleute haben sich daher auch wiederholt und vehement gegen die Kontrollen ihrer Länder durch den Rechnungshof gewehrt.

In der Schweiz haben wir zwar auch einen ausgeprägten Föderalismus, aber dort sind die Kantone finanziell wirklich autonom. Das heißt, alles was der Kanton ausgibt, muss er auch selbst über Steuern hereinbringen. Bei neun österreichischen Bundesländern sehe ich aber das Schweizer Modell trotzdem nicht sinnvoll auf Österreich übertragbar. Das würde den jetzt schon riesigen Verwaltungsapparat in den neun Ländern wohl noch um einiges mehr aufblähen.

Bei unserem Schulsystem wäre eine zentralistische Verwaltungslösung zusammen mit einem radikalen Abbau der überbordenden Bürokratie und einer gleichzeitigen Stärkung der Schulautonomie sicher der sinnvollste Weg für eine wirksame Reform.

Viele politisch interessierte Menschen fragen sich sowieso, wieso in Österreich hauptsächlich Parteipolitik und kaum Sachpolitik gemacht wird. Und das nicht nur im Bildungsbereich.

Es gibt ja meiner Meinung nach kaum etwas demokratiefeindlicheres als den Klubzwang bei Abstimmungen im Parlament. Auch dass man in Österreich bei Nationalratswahlen zuerst einmal eine politische Partei wählen muss, und nicht direkt den Abgeordneten seines Vertrauens wählen kann, empfinden viele Menschen eigentlich als undemokratisch.

Was mich besonders betroffen macht, ist die Tatsache, dass die Parteipolitik schon bis hinunter in die Gemeindestuben das Tagesgeschehen dominiert.

Vor dreißig Jahren hat man zumindest noch in den ländlichen Gemeinderäten unabhängig von der politischen Farbe an einem Strang gezogen und hat damit wertvolle Aufbauarbeit in den Gemeinden geleistet.

Hat heute ein Bürgermeister nicht die fraktionelle Mehrheit im Gemeinderat hinter sich, oder ist sein Amtssekretär vom „gegnerischen" politischen Lager, kann er seine Bemühungen um das Gemeindewohl vergessen, weil er sowieso ständig nur torpediert wird.

Heute kann man miterleben, wie sich in kleinen Gemeinden die politischen Gegner im Gemeinderat reihenweise gegenseitig wegen irgendwelcher Lappalien anzeigen.

Im Südburgenland gibt es eine kleine Gemeinde, die einen „roten" und einen „schwarzen" Gesangsverein hat!

Die energietechnische Vorzeigestadt Güssing mit 3700 Einwohnern hat einen „roten" und einen „schwarzen" Theaterverein (was natürlich offiziell heftig dementiert wird).

Sogar der bekannte südburgenländische Uhudlerwein hat seit kurzem jetzt endlich auch einen „roten" Verein …

Das alles zeigt sehr deutlich, wie weit das parteipolitische Denken schon alle Bereiche des öffentlichen Lebens dominiert. Es ist beschämend und traurig, dass es in einer Demokratie wie Österreich so weit gekommen ist. Die Macht geht schon lange nicht mehr vom Volke aus – sondern von den politischen Parteien!

Aber es gibt offensichtlich auch schon genug Menschen, die das ähnlich betroffen macht wie mich.

Nur haben die etablierten großen Parteien die Warnsignale noch nicht ernst genug genommen.

Selbst wenn die Wahlbeteiligung auf unter 20% absinken würde, könnte man noch staunend in den Medien verfolgen, wie sich alle Parteien nach einer Wahl als Sieger feiern.

Aber irgendwann wird es hoffentlich auch der schweigenden Mehrheit der Nichtwähler zu dumm werden und man wird gezielt jene wählen gehen, die sich von der klassischen Parteipolitik und ihren Auswüchsen verabschieden wollen.

Alternative Wahlmöglichkeiten scheinen sich ja schon zu etablieren. Überhaupt nicht zur Wahl zu gehen ist aber sicher die schlechteste Alternative von allen. Es wäre doch Zeit für ein wenig Gegenwind!

Selbst wenn der Großteil unserer Bevölkerung sich derzeit hauptsächlich für Fußball, Fernsehen und Helene Fischer zu interessieren scheint, hege ich da noch Hoffnung auf eine langfristige Besserung.

Irgendwann wird hoffentlich auch die Masse der Österreicher begreifen, dass das etablierte parteipolitische System der „alten" Parteien zu umfassenden Reformen nicht fähig ist und entsprechend an den Wahlurnen reagieren.

Es ist nur zu befürchten, dass es zum Aufwachen erst zu einer kräftigen Wirtschaftskrise kommen muss.

Im Interesse unserer Kinder und Enkel wären viele echte und tiefgreifende Reformen aber jetzt schon dringend notwendig.

Auch die groß angekündigte Steuerreform 2015 ist im Wesentlichen wieder nur eine Umverteilungsaktion zur Beruhigung der Öffentlichkeit geworden. Da ihre Gegenfinanzierung keineswegs so gesichert ist, wie das bei der Präsentation dargestellt wurde, wird sie wohl wieder der Mittelstand zahlen müssen.

Einige Prozent Steuererleichterung für unsere arbeitende Bevölkerung, während andere noch immer, ohne zu arbeiten, mit Aktien Millionen verdienen und dafür nicht einmal die Hälfte des Steuersatzes für Arbeit bezahlen! Und unser Stiftungs-Steuerparadies wurde stillschweigend auch wieder ausgeklammert. Dafür dürfen unsere Kinder wieder deutlich mehr zahlen, wenn sie einmal das Einfamilienhaus ihrer Eltern übernehmen.

Und für so ein Ergebnis wurde jahrelang verhandelt und gestritten? Ist das nicht eine Verhöhnung aller derer, die noch wählen gehen?

Liebe Wähler, erinnert euch doch! Vor jeder Nationalratswahl versichern alle Parteien, es dürfe natürlich keine neuen Steuerbelastungen mehr geben. Nach der Wahl wird aber nur mehr darüber diskutiert, welche Steuern man doch neu einführen oder zumindest erhöhen könnte …

Das ist ja auch viel einfacher, als endlich eine umfassende Verwaltungsreform anzugehen. Aber der brave Wähler vergisst ja recht schnell und macht in spätestens fünf Jahren sein Kreuzerl wieder dort, wo er es immer schon gemacht hat …

Leider kann man bei uns derzeit im öffentlichen Bereich als Einzelkämpfer und ohne die Unterstützung einer politischen Partei kaum Karriere machen.

Viele unserer gescheiten Köpfe bleiben daher – zumindest im öffentlichen Bereich - chancenlos, wenn sie sich nicht rechtzeitig zu einer der großen Parteien bekennen.

Brave Parteisoldaten werden aber früher oder später immer belohnt – man darf irgendwann auch an den Futtertrog. Und gibt es wirklich einmal Probleme in einer höheren Position, wird man immer noch mit einem Aufsichtsratsposten einer landesnahen Gesellschaft oder vielleicht sogar mit einer Stelle in Brüssel rechnen können. Als letzter Ausweg wird dann manchmal sogar ein eigener Posten geschaffen.

Auch werden bei den verdienten Parteisoldaten gerne die Ämter kumuliert: Bürgermeister + Landtagsabgeordneter + Aufsichtsratsposten + Zivilberuf - das scheint bei solchen Übermenschen ja alles kein Problem zu sein …

Steigt man durch die Unterstützung seiner Partei einmal in die Position eines Entscheidungsträgers auf, zeigt man sich normalerweise auch dankbar und handelt in Zukunft natürlich im Interesse und im Sinne der Partei. Die Interessen der Bürger kommen dann meist irgendwo weiter hinten…

Sogar schnelle Rochaden von einem Ministeramt in das andere sind bei uns durchaus üblich. Minister benötigen offensichtlich nicht unbedingt Fachkenntnisse in ihrem Resort. Parteitreue und Akzeptanz bei den jeweiligen Landesorganisationen und bei anderen Untergruppen wie den Bünden oder den Gewerkschaften scheinen da für eine Qualifikation viel wichtiger zu sein.

Bei der Umbesetzung des Finanzministeriums nach der Abdankung von Herrn Spindelegger wurde 2014 hauptsächlich darüber diskutiert, ob denn sein Nachfolger aus diesem oder jenem Bundesland bzw. aus dem ÖAAB, dem Wirtschaftsbund oder dem Bauernbund kommen sollte…

Dass dann ein Mann Nachfolger wurde, der auch die notwendigen Fachkenntnisse mitbrachte, ist wohl eher als ein Zufall und als seltene Ausnahme anzusehen.

Im Bildungsbereich kann man den Einfluss der Parteipolitik auch bei der Besetzung der Landesschulinspektoren und Fachinspektoren in den Landesschulräten sehr schön beobachten. Hier gibt es ja keine einheitlich bundesweite Regelung und es liegt letztlich im Ermessen des Landeshauptmannes, für welche Fachbereiche bzw. Schultypen und welche Personen er zu solchen Inspektoren ernennt. Daher kommen hier fast durchgehend Leute zum Zug, die vorher schon Funktionäre oder öffentlich unterstützende Mitglieder der „passenden" politischen

Partei waren. In Niederösterreich sind es halt die „Schwarzen", in Wien und im Burgenland die „Roten", in Kärnten waren es zumindest eine Zeit lang die „Blauen" usw.

Und leider geht diese Unkultur hinunter bis zur Ernennung von Direktoren und sogar bis zur Vergabe einzelner Lehrerstellen, wie schon weiter vorne ausgeführt wurde.

Was nur viele Menschen wundert: erkennen die handelnden Personen nicht, dass man durch die parteipolitisch motivierte Besetzung eines (vorsichtig ausgedrückt) weniger geeigneten Direktors lediglich eine Person belohnt und dafür hundert andere verärgert?

Bildungspolitik ist wohl eine zu wichtige Sache, als dass sie ständig parteipolitischen Interessen geopfert werden darf. Erst wenn das unsere Politiker auch erkennen und danach handeln, wird man echte Reformen einleiten können.

Aber Weitblick ist ja nicht die Sache unserer Spitzenpolitiker. Erstaunlicherweise handeln gerade jene zwei Personengruppen, die ständig das Modewort „Nachhaltigkeit" gebrauchen, am wenigsten danach: die Manager und die Politiker.

Manager transferieren hemmungslos unsere Arbeitsplätze und Hochtechnologien nach China, nur um bei der nächsten Jahresbilanz positiv abzuschneiden. Politiker treffen ihre Entscheidungen fast immer mit Blick auf den nächsten Wahltermin.

Mit „Nachhaltigkeit" meinen also diese Personengruppen einen Zeitraum von ein bis maximal fünf Jahren!

Es gibt nur wenige österreichische Spitzenpolitiker, denen ich persönlich zutraue, echte Sachpolitik zu machen.

Von den „Alten" Alexander Van der Bellen über Barbara Prammer, Franz Fischler und Alois Mock bis zu den „Jüngeren" Norbert Hofer, Christoph Chorherr, Matthias Strolz, Josef Ostermayer oder Sebastian Kurz gab und gibt es für mich schon auch einige Hoffnungsträger in der Bundes-Politmannschaft - und zwar quer durch alle Parteien.

Selbst der in Lehrerkreisen oft geschmähten Ex-Unterrichtsministerin Claudia Schmied möchte ich ein ehrliches Bemühen um ihre geplanten Reformen attestieren.

Sie hatte nur das Problem aller Quereinsteiger in die Politik: sie unterschätzte die Macht der parteipolitischen Ideologien, der Landeshauptleute und der Gewerkschaft und wurde daher letztlich sogar von den eigenen Parteigenossen sabotiert.

Außerdem haben Quereinsteiger in solche Ämter immer das Problem, in Detailfragen selbst nicht kompetent genug zu sein. Sie sind daher immer auf ihre Einflüsterer angewiesen, die aber in den seltensten Fällen objektiv und ohne Eigeninteressen ihre Informationen weitergeben.

Besonders abhängig sind solche Neu-Minister von den Sektionschefs in ihrem Ministerium, die natürlich alle beamtet und unkündbar sind und oft mehrere Minister überdauern.

Gerüchteweise sprechen sie von ihren neuen Ministern gelegentlich sogar als „ihren Lehrbuben"

(Quelle: „Die Presse"). Bei solchen Verhältnissen ist es erklärbar, dass Minister manchmal sogar von ihren eigenen Beamten im Regen stehen gelassen werden...

Was mich bei vielen Politikern auch ärgert: sie reden in bildungspolitischen Diskussionen stets nur von Pädagogik und haben dabei anscheinend immer nur das Wohl unserer Jugend vor Augen. Wie oft hört man in diesen Diskussionen von ihnen dieselben Sätze: „Alle Chancen für unsere Jugend" oder „Bildung ist unsere Zukunft".

In Wirklichkeit geht es den meisten Spitzenpolitikern aber auch in der Bildungspolitik nicht wirklich um Pädagogik, sondern um Ideologien, Macht und Geld.

Manche Landeshauptleute tarnen ihre Begierden nicht einmal mehr, sondern stellen sie schon ungeniert öffentlich zur Schau...

Apropos Geld: viele „Reförmchen" der letzten Zeit im Bereich der Bildung waren eigentlich nichts anderes als versteckte Sparpakete.

Wobei mit traumwandlerischer Sicherheit immer wieder an den falschen Stellen gespart wurde.

Anstatt einmal den riesigen Verwaltungsapparat zu entrümpeln und zu konzentrieren, fließt noch immer zu wenig Geld direkt in die Klassenzimmer.

Zuviel an Kommunikation – zu wenig an Information?

Als studierter Elektroniker durfte ich den Aufstieg der Informationstechnologie in den letzten vier Jahrzehnten hautnah und intensiv miterleben. Keine Entwicklung in der Geschichte der Menschheit hat in so kurzer Zeit derartig viele gesellschaftliche Veränderungen bewirkt.

Ich erinnere mich noch gut an meinen ersten 8-Bit Personalcomputer mit kleinem grün-weiß-Monitor und lärmendem Nadeldrucker, der Anfang der 80er-Jahre noch mehr kostete als mein Mittelklasse-PKW.

Dann die ersten mühseligen Schritte in Betriebssystemen wie CP/M oder MS-DOS - wer kennt die eigentlich noch?

Oder die erste eigene Webseite, die ich 1997 noch „händisch" in HTML-1 Code programmierte. Das scheint ja alles schon in der IT-Steinzeit gewesen zu sein, so weit entfernt scheint uns das heute.

In all den Jahren war ich aber stets ein technikbegeisterter Anwender, der alle Neuheiten sofort haben musste. Ich will gar nicht zusammenrechnen, wie viel Geld ich im Lauf meines Lebens nur für Hard- und Software ausgegeben habe, die drei Jahre später schon wieder auf der Müllhalde lag.

Erst in den letzten Jahren bin ich dann zunehmend kritischer geworden und meine Einstellung zur Informationstechnologie hat sich entscheidend verändert – weil mir bewusst wurde, welche Gefahren eigentlich in dieser Technologie liegen und wie sich die Gesellschaft – und damit auch unsere Jugend - dadurch radikal verändert hat.

Meine Tätigkeit als Netzwerkadministrator und Serverbetreuer in einem großen Netzwerk hat sicher auch zu meinem Sinneswandel beigetragen. Dort habe ich hautnah mitbekommen, was Hackerangriffe nur alleine in einem Schulnetz schon anrichten können.

Auch das, was an anonymen Bösartigkeiten auf unserem ersten öffentlichen Schulforum gepostet wurde, hat mich damals schon erschreckt.

Bei der Entwicklung des Internets und des World Wide Web haben dessen Urväter schon am Anfang einen ersten, aber folgenschweren Fehler gemacht:

Sie gingen von der Voraussetzung aus, dass alle Menschen von Natur aus edel, hilfreich und gut seien.

Eine „Nettiquette" (die Älteren erinnern sich vielleicht noch daran) sollte alle Benutzer zu moralischem Verhalten im Netz animieren. Das ist so naiv, als würde man sämtliche Strafen bei Vergehen gegen die Straßenverkehrsordnung ersatzlos streichen und nur alle Verkehrsteilnehmer recht freundlich zu rücksichtsvollerem Verhalten auffordern.

Ein System wie das Internet würde allen Menschen sowieso nur Gutes bringen – so dachten zumindest seine Schöpfer. Ein echtes Sicherheitskonzept gab es daher nicht und auch die Möglichkeit der anonymen Nutzung sahen sie gar nicht als Problem. Rückblickend gesehen eigentlich eine unverzeihliche Fehleinschätzung!

Genau diese mögliche Anonymität im Netz ermöglicht jetzt Dinge wie Cyberkriminalität, Cybersex, Cyberattacken, Hass-Postings, Social Mobbing, Viren, Trojaner, Spammails, freien Zugang zu gewaltverherrlichenden, sexistischen und pornographischen Inhalten, freie Werbeplattformen für Terrorismus, illegalen Download von urheberrechtlich geschütztem Material und noch viele andere Bösartigkeiten. Dabei hilft diese prinzipiell mögliche Anonymität aber in erster Linie den Bösartigen und den Kriminellen, schützt aber keineswegs alle „Guten", so wie oft behauptet wird.

Ein durchschnittlicher User im Web ist ja trotz der Verwendung von fantasievollen Nicknames und Pseudonymen relativ leicht verfolgbar und damit längst ein offenes Buch in den Datenbanken von Geheimdiensten, Google, Amazon und Co. So gesehen ist also diese echte Anonymität für den Durchschnittsbenutzer gar nicht vorhanden und schützt ihn nicht wirklich.

Echte IT-Profis – vor allem die kriminellen - wissen aber sehr wohl, dass es möglich ist, mit dem entsprechendem Knowhow und Aufwand seine Spuren im Web auch vollständig zu verwischen, weil es das System prinzipiell ermöglicht.

Die meisten Datenschützer sehen aber in einer anonymen Nutzungsmöglichkeit aber immer noch kein Problem und verteidigen sie vehement – ja sie fordern sogar ständig die „sichere Anonymität" bei allen Aktionen im Netz. Das würde es aber Kriminellen sicher noch leichter machen, ohne dass der Durchschnittsbenutzer wirklich besser geschützt wäre. Hier müsste wohl ein völlig anderer Ansatz gefunden werden.

Die Politik hat beim Thema Datenschutz leider weltweit versagt und ist von der Entwicklung einfach überrollt worden. Hätte es beim Sammeln von privaten Daten von Anfang an strikte gesetzliche Vorgaben und Strafen gegeben, wären wohl viele Konzerne nicht gar so eifrig damit gewesen.

Aber ganz im Gegenteil: in den USA war der Staat und da vor allem die Polizei und die Geheimdienste von Anfang an an der Zusammenarbeit mit den großen Internetkonzernen interessiert und die haben da wohl auch kräftig bei der Entwicklung der entsprechenden Programme mitgezahlt.

Kürzlich las ich in der Tageszeitung „Kurier" die Aussage eines Internetexperten zu einem (zugegeben kleineren) Problem, das auch erst durch diese Pseudo-Anonymität ermöglicht wird: *„Anonyme Hass - Postings in unseren Foren sind bedauerlich, aber sie sind Teil unserer Online-Kultur".*

Wer meint, das mit den Hass - Postings sei ja nur eine unwesentliche gesellschaftliche Randerscheinung, sollte einmal probeweise die anonymen Kommentare zu den täglichen Meldungen in der Online-Ausgabe der Kronenzeitung lesen. Was sich da an Dummheit, Bösartigkeit und Ignoranz täglich outet, ist entsetzlich!

Bei der Einführung des World Wide Web wurde leider von Anfang an auf wirksame Kontroll- und Schutzmechanismen verzichtet. Damit ist es möglich, dass die amerikanische Mafia über Internetbetrug bereits mehr Geld erwirtschaftet als mit ihrem Drogenhandel. Allein im Jahr 2012 wurden in den USA zwölf Millionen Online-Opfer gezählt, deren digitale Identität für verbrecherische Aktivitäten missbraucht wurde. *(Quelle: IBM-Labors, Report 2013).*

Anfang 2015 wurde bekannt, dass durch gehackte interne Bankdaten über eine Milliarde Dollar bei internationalen Banken veruntreut worden war –

ohne eine reelle Chance, diese Kriminellen jemals fassen zu können.

Der Zug ist da natürlich abgefahren. Niemand wird ernsthaft fordern, die Protokolle des Internets jetzt noch zu ändern. Das wäre schon aus wirtschaftlichen Gründen nicht mehr möglich.

So wie es derzeit aussieht, wird auch das angekündigte FI (Future Internet oder Internet 2) keine wesentlichen Verbesserungen in Bezug auf Sicherheit und Datenschutz bringen.

Was uns zu tun bleibt, ist nur mehr Schadensbegrenzung und Aufklärung – und zwar beginnend bei unseren Kleinkindern.

Dass echte Anonymität im Netz auch Vorteile haben kann, ist unbestreitbar. Kritik an einer Diktatur wäre so möglich, ohne sich unmittelbar in Lebensgefahr zu begeben. Echte Demokratie kann dadurch sehr wohl gefördert werden.

Aber für mich persönlich ist das wohl der einzige Pluspunkt, der alle bestehenden Missbräuche durch die Möglichkeit der Verschleierung der eigenen Identität einfach nicht aufwiegen kann.

Es ist bei vielen jungen Internetbenutzern auch ein deutlicher Wandel im Rechtsempfinden zu beobachten. So etwas wie geistiges Eigentum scheint es gar nicht mehr zu geben.

Wenn man fordert, Urheberrechte einzuhalten, um Autoren oder Musikern überhaupt ihr Schaffen finanziell zu ermöglichen, stößt man auf breiter Front auf völliges Unverständnis.

Neue Kopierschutzmechanismen werden von Hackern höchstens als sportliche Herausforderung gesehen.

Ein schönes Beispiel für nicht mehr vorhandenes Rechtsempfinden konnte man vor einiger Zeit beobachten, als beim Rewe-Konzern (Billa, Bipa, Merkur) auf Kundenhandys bei den Kassen nur mehr Kundenkarten-Strichcodes von den konzerneigenen Apps akzeptiert wurden. Der Grund: ein Anbieter im Web hatte für Handys eine App zur Verfügung gestellt, mit der unterschiedlichste Kundenkarten durch diese einzige App verwaltet werden können. An und für sich ist das ja eine gute Sache.

Der Haken bei dieser App war dabei: man brauchte gar keine Original-Kundenkarte mehr, weil der Anbieter selbst Fantasie-Kundencodes generierte und in der App zur Verfügung stellte. Wäre damit der Einkauf quasi anonym erfolgt, wäre das ja auch noch kein großes Problem gewesen.

Die eigentliche Frechheit dabei war aber, dass die so „generierten" Codes eigentlich ordnungsgemäß registrierten Kunden gehörten und damit bewusst eine falsche Identität beim Einkauf vorgetäuscht wurde. Dadurch verschaffte man sich erstens Kostenvorteile ohne die entsprechende Berechtigung und zweitens schädigte man einen Dritten, weil dieser dann manche Stammkundenvorteile bei einem späteren Einkauf nicht mehr nutzen konnte.

Als sich der Rewe-Konzern daher entschied, nur mehr Codes aus den konzerneigenen Apps zu akzeptieren, brach im Web ein beachtlicher Shitstorm los, in dem der Konzern auf das Unflätigste beschimpft wurde und es sogar kurzfristig zu Umsatzrückgängen kam. Der Großteil der Anwender der erwähnten

App zeigte aber dabei nicht das geringste Unrechtsbewusstsein.

Fazit: die Verwendung von fremdem geistigem oder materiellem Eigentum und das Vortäuschen einer fremden Identität werden - vor allem von unseren Jugendlichen – schon als völlig normal und legitim betrachtet.

Es ist für meine Generation auch erstaunlich, wie sehr Jugendliche schon von frühen Jahren an von ihren Kommunikationsgeräten abhängig sind. Das geht bei vielen schon eindeutig in Richtung Suchtverhalten.

Da werden sogar Bücher darüber geschrieben, was für eine interessante Erfahrung es doch ist, wenn man ein Monat lang auf Handy und Internet verzichtet.   Ha, Ha - oder zeitgemäßer LOL :-)

Die ältere Generation erinnert sich ja noch an eine Zeit, in der man problemlos ohne Smartphones und Computer leben konnte – und das sogar besser als heute. Inzwischen sind die meisten Menschen zu Sklaven geworden, weil sich unsere Kommunikationsgeräte von unseren Helfern zu unseren Herren gewandelt haben. Wie Menschen interagieren, wird in erster Linie von der verfügbaren Technik und nicht mehr von den Menschen selbst bestimmt.

Wenn ein Telefonprovider 1000 Gratis-SMS im Monat anbietet, müsste er eigentlich dafür bestraft werden. Denn damit werden unsere Kinder und Jugendlichen eigentlich zu süchtigen Kommunikationskonsumenten erzogen.

Man braucht ja nur einmal eine Gruppe Jugendlicher in der großen Pause auf dem Schulhof beobachten. Direkte verbale Kommunikation untereinander, vielleicht sogar noch in vollständigen, grammatikalisch richtigen deutschen Sätzen? Fehlanzeige!

Dazu gibt es vom Provider dann vielleicht noch jedes Jahr ein Gratis-Handy.

Diese Erziehung zu einer Wegwerf-Mentalität ist ebenfalls außerordentlich bedenklich. Elektronikschrott und Plastikmüll stellen heute schon eine nicht zu unterschätzende Gefahr für unsere Umwelt und die Gesundheit vieler Menschen in der dritten Welt dar.

Es ist auch erstaunlich, wie wenig an wirklich nützlicher Information bei der derzeit überbordenden Menge an Kommunikation eigentlich transportiert wird. Deswegen halte ich es auch nicht für sinnvoll, dass alle Nachrichten bei der Weiterleitung mit gleicher Priorität behandelt werden. Und eine schnelle Flatrate für alle – natürlich möglichst billig - nur damit die Kids sich das nächste Video schneller herunterziehen können?

Wenn man für jede E-Mail nur einen Cent zahlen müsste, wäre das Problem der Spammails auch mit einem Schlag gelöst. E-Mails gelten zwar bei Jugendlichen inzwischen ohnehin als „altmodisch". Sie werden uns aber im Business-Bereich sicher noch einige Zeit erhalten bleiben.

Elektronische Kommunikation – vor allem die extrem schnelle Kommunikation – muss meiner Meinung nach nicht generell so billig oder gar gratis sein!

Aber die Wirtschaft ist natürlich höchst interessiert daran, dass Netze ständig erweitert werden, die Bandbreite ständig erhöht wird und damit auch die

Hardware in immer kürzeren Abständen neu erworben werden muss.

Da gibt es erheblichen Druck der Industrie-Lobbyisten auf die Politik. Wo der Bedarf noch nicht vorhanden ist, wird er einfach künstlich erzeugt.

Die 1000 Gratis-SMS im Monat sind gar kein schlechtes Beispiel dafür. Um Jugendliche zu ködern, dürfen sie die ersten Monate nach einem Provider-wechsel sogar völlig umsonst surfen. So schafft man dann den erwünschten Bedarf nach mehr Bandbreite.

Und nach derzeitiger Gesetzeslage darf der Provider den Vertrag später dann sogar auch einseitig verändern und einfach ungefragt die Tarife erhöhen…

In Österreich sollen in den nächsten Jahren hunderte Millionen Euro in den Ausbau von schnellen Breitbandnetzen mittels Glasfaser investiert werden. Eine lustige Begründung dazu las ich neulich im Kurier: *„Damit kann man dann eine ganze Audio-CD in 3 Sekunden herunterladen"*. Wirklich wichtig, nicht wahr?

Und unsere Politiker setzten natürlich alles brav um, was von der Industrielobby gefordert wird.

Es ist mir schon klar, dass Betriebe auch in ländlichen Gebieten für ihre Server schnelle Netze brauchen. Aber hunderte Millionen in den Ausbau von flächendeckenden Glasfasernetzen zu stecken, nur damit dann mehr als 50 Prozent der Übertragungskapazitäten zum Download von Video- und Audiofiles genutzt werden - ist das wirklich sinnvoll?

Jeder, der die die schnelle Anbindung aus geschäftlichen Gründen braucht, soll sie auch bekommen. Aber nicht mit billigster Flatrate für alle aus unseren Steuergeldern!

Da gibt es wahrlich viele Bereiche in Österreich, die diese Millionen weit dringender benötigen würden.

Ein wichtiger Aspekt unserer wachsenden IT-Gesellschaft wird auch viel zu wenig beachtet: die massiven Auswirkungen auf unsere Umwelt. Auf den ersten Blick scheint ja das eine nichts mit dem anderen zu tun zu haben. Weit gefehlt!

Alleine für die Abwicklung des weltweiten täglichen E-Mail-Verkehrs im Netz wird täglich eine Leistung benötigt, wie sie etwa zehn durchschnittliche Atomkraftwerke liefern können. Und die drei gigantischen Serverfarmen von Apple, Google und Facebook in den USA haben zusammen schon jetzt einen elektrischen Energiebedarf, der höher ist als der von New York!

Noch dazu wird diese Energie am Hauptstandort in North Carolina hauptsächlich immer noch von alten Kohlekraftwerken geliefert – obwohl alle drei Konzerne gerne und stolz ihre Photovoltaikanlagen auf ihren Webseiten präsentieren. Nur zur Klarstellung: die decken nicht einmal ein Prozent ihres Energiebedarfes…

Nicht zu vergessen auch der ständig steigende Energiebedarf in allen Privathaushalten mit Internetanschluss.

Dazu kommen noch die benötigte Energie und die Umweltschäden bei der Produktion unserer kleinen elektronischen Helfer in China und bei der Entsorgung der nicht mehr gebrauchten Geräte am Ende ihres kurzen Lebens…

Übrigens: wäre das Internet ein Staat, würde es im weltweiten Ranking bezüglich Energieverbrauch und CO_2 - Ausstoß bereits an 5. Stelle liegen – noch vor Russland! *(Quelle: Greenpeace)*

Und um im Lande zu bleiben: nach eigenen Angaben benötigt T-Mobile nur alleine in Österreich für die Infrastruktur seines Mobilnetzes bereits den Energiebedarf einer Stadt mit 25.000 Einwohnern.

So sauber, wie sich unsere moderne IKT-Gesellschaft gibt, ist sie also gar nicht …

Und wofür der ganze Energieverbrauch und alle Umweltschäden?

Zum Beispiel, damit man einen mp3-Song in zwei Sekunden unterwegs herunterladen kann - so bewirbt das zumindest T-Mobile bei der Werbung für das neue LTE-Mobilfunknetz.

All das also dafür, dass heute bereits rund 50% der bestehenden Übertragungskapazitäten nur für das Streaming von Videos und Audiodateien verwendet werden! Bringt das die Menschheit wirklich so viel weiter?

Genau diese oben aufgezählten Tatsachen sollten in Zukunft im Informatikunterricht auch endlich ihren Platz finden.

Der allgegenwärtige blinde Fortschrittsglaube gegenüber der neuen digitalen Welt sollte endlich einer kritischen und verantwortungsvollen Betrachtungsweise weichen.

Das Internet scheint bei unseren Jugendlichen auch im Wissenserwerb bereits das Maß aller Dinge zu sein. Jeder Lehrer kennt die Argumentation der Schüler: *„Das was sie uns erzählt haben, das stimmt gar nicht. Weil im Internet haben wir nichts dazu gefunden."*

Dass trotz der übervollen Server mit einer gigantischen Speicherkapazität von Millionen von Exabytes bis jetzt schätzungsweise nicht einmal zehn Prozent des gesamten Wissens der Menschheit dort gespeichert sind, ist den meisten Jugendlichen gar nicht bewusst.

Außerdem ist ein erheblicher Teil des bereits digital gespeicherten Wissens gar nicht für öffentliche Suchroboter zugänglich und wird daher von den freien Suchmaschinen wie Google, Bing, Yahoo und Co. auch gar nicht gefunden.

Abgesehen davon, dass von dem, was da bereits im Web frei zugänglich ist, ein erschreckend hoher Anteil unnötig, erfunden, unsinnig oder sogar falsch ist.

Natürlich ist Wikipedia inzwischen für jedermann zu einer schnellen und einer der wenigen halbwegs zuverlässigen Informationsquellen im Netz geworden. Das ist sicher eine der positiven Seiten dieser Entwicklung. Aber der große Rest!

Bildung wird heute leider zunehmend mit dem Abrufen von Fakten gleichgesetzt. Wer am Wirtshaustisch schnell etwas googeln kann, ist aber deswegen noch lange kein gebildeter Mensch. Detailwissen ist nicht das Entscheidende an Bildung. Pädagogen wissen das oder sollten es zumindest wissen.

Wenn man Quizsendungen wie „Wer wird Millionär" sieht, fühlt man sich aber oft schrecklich ungebildet, wenn man bei angeblich so einfachen Fragen schon passen muss.

Da wird nach dem momentanen Partner eines Popsternchens gefragt, nach dem Vornamen des Kindes einer englischen Prinzessin oder welcher Vampirfilm im letzten Jahr die höchsten Besucherzahlen hatte. Bei solchen Fragen müsste ich mir – oh Schande – jedes Mal einen Joker nehmen.
Offensichtlich bin ich schrecklich ungebildet!

Ab und zu logge ich mich natürlich auch bei einer Thematik, von der ich etwas zu verstehen glaube, in einem Internet-Forum ein oder lese einen Blog, der sich mit diesem Thema befasst. Es ist dann oft erschreckend, wie viele selbsternannte Gurus dort blühenden Unsinn von sich geben.

Dieser Schmarren wird dann selbstverständlich von anderen Mitgliedern des Forums auch geglaubt und genauso weiter verbreitet. In einem Forum ist ja immer derjenige der allwissende Guru, der dort schon hunderte Male gepostet hat – auch wenn es hunderte Male nur Unsinn war.

Haben früher Lektoren und Chefredakteure dafür gesorgt, dass zumindest ein Mindestmaß an Wahr-

heitsgehalt in öffentlichen Medien eingehalten wurde,
wimmelt es heute im Netz von selbstverliebten Twit-
terern und Bloggern, die ihren Käse so an die Öffentlichkeit bringen.

Aber sie finden natürlich immer auch ihre gleich-
gesinnten Anhänger, und die ganze Schar der Follo-
wer bestätigt sich so lange gegenseitig in ihren Ansichten, bis das jeder Blogteilnehmer auch selber
glaubt. In der sozialwissenschaftlichen Fachsprache
hat dieses Phänomen auch schon einen eigenen Namen: man nennt es „Resonanzverstärkung".

Wenn das Internet heute oft als „Bildungsmedi-
um" bezeichnet wird, finde ich das daher absolut
lächerlich.   Kein anderes Medium hat es bis jetzt
geschafft, Halbwahrheiten, Falschmeldungen und kri-
minelle Inhalte derartig rasch und effektiv zu verbreiten. Aber BILDUNG ???

Eigentlich wünsche ich mir im Web keine Zensur
- weder durch Chefredakteure oder Administratoren
noch durch den Staat. Ich denke aber, dass es auch in
einem demokratischen Rechtsstaat notwendig ist,

durch eine unabhängige Justiz eine elementare Kontrollfunktion im Netz auszuüben, solange das Internet selbst keine wirksamen Kontrollmechanismen zur Verfügung stellt.

Sonst gerät nämlich das Netz selbst außer Kontrolle. Die Ansätze dazu sind leider schon recht deutlich sichtbar. Juristen sprechen ja jetzt schon von einem „rechtsfreien Raum". Es wird aber mit Sicherheit noch schlimmer werden.

Daher brauchen wir auch dringend eine aufgeklärte Jugend, die von klein auf lernt, Informationen aus den Medien – und vor allem aus dem Internet - immer kritisch zu hinterfragen und zu bewerten. Aber das geht halt nur mit Bildung!

Übrigens gibt es die Zensur im Netz ja auch schon bei uns. In China, Pakistan oder Nordkorea ist das sowieso seit Jahren an der Tagesordnung. Aber als ab 2014 von YouTube alle IS-Werbevideos (*IS: Islamischer Staat*) auf den westlichen Servern vom Netz genommen wurden, gab es bemerkenswert viel mediale Zustimmung und erstaunlich wenig Proteste von den Datenschützern.

Ob Zensur gut geheißen wird oder nicht, hängt offensichtlich in jeder Gesellschaft davon ab, wie man die zensierten Inhalte selbst moralisch bewertet und offenbart damit auch die Scheinheiligkeit mancher Zensurkritiker.

Tatsache ist auf alle Fälle, dass derzeit viele Jugendliche ihren „virtuellen Experten" – egal ob in einem Blog, in einem Forum oder bei einem sozialen Netzwerk - mehr glauben und vertrauen als ihren Eltern oder ihren Lehrern.

Und dass Lady Gaga immer noch zigmal mehr Twitter-Follower hat als alle Universitätsprofessoren der Welt zusammen, zeigt ja schon, was bei vielen Menschen unserer jüngeren Generation wirklich zählt.

Apropos Twitter: wozu muss ein halbwegs vernünftiger Mensch überhaupt einem „Promi" auf Twitter „folgen"? Nur damit er dessen verbale Ergüsse

Sekunden später schon auf seinem Handy lesen kann? Ist es das wirklich wert?

Soziale Medien sind derzeit gerade für Jugendliche offensichtlich schon unverzichtbar. Ich würde sie ja lieber „unsoziale Medien" nennen – nachdem, wie da manche Opfer gemobbt werden und wie die realen sozialen Kontakte zunehmend durch virtuelle ersetzt werden.

Ich bekenne mich dazu: Facebook hat für mich persönlich einen Stellenwert, der irgendwo zwischen Analogkäse und Fußpilz liegt.

Ich habe nie verstanden, dass so ein Unternehmen an der Börse mehr wert ist als ein Konzern, der Maschinen baut oder Medikamente herstellt.

Aber in einer Gesellschaft, in der Astrologinnen, Katzen-Therapeuten und Adels-Experten von ihren Jobs ganz gut leben können, scheinen auch völlig irrationale Börsenverhältnisse a la Alibaba-Aktien-Hype oder Facebook-Überbewertungen ganz normal zu sein.

Ich denke aber, bei der nächsten weltweiten Wirtschaftskrise wird auch diese Börsenblase mit einem kräftigen Knall platzen.

Auf alle Fälle gilt für viele Kids: wer auf dem gerade angesagten sozialen Netzwerk keine Freunde hat, muss ein Außenseiter sein. *Den* oder *die* mag sicher niemand. Der Gruppenzwang dort ist erschreckend.

Nur wenige Kinder trauen sich noch, wirklich Individualisten zu sein. Soziale Medien wie Facebook, WhatsApp, Twitter, Instagram usw. können da recht wirksam gegensteuern.

Egozentrik und Selbstdarstellung werden auf diesen Plattformen natürlich gefördert – aber das hat nichts mit Individualismus zu tun!

Auch viele Erwachsene, Konzerne, Politiker, Medien und leider auch viel zu viele Schulen machen diesen Hype kritiklos mit. Unzählige Medien und Firmen starten elektronische Umfragen überhaupt nur mehr über Facebook und vergessen dabei, dass es noch immer genug Internetbenutzer gibt, die bewusst *keinen* Facebook-Account besitzen.

Damit werden aber gezielt viele Individualisten und kritisch denkende Menschen ausgegrenzt. Ich glaube sogar, dass bei jenen Medien, denen Quoten sowieso lieber sind als Qualität, das schon bewusst so gemacht wird.

Plattformen wie Facebook und Twitter werden natürlich auch von den Politikern schon längst dazu verwendet, um sich ein modernes Image zu geben.

Wenn da ein österreichischer Spitzenpolitiker plötzlich über Nacht 3500 neue Facebook-Freunde bekommt, ist das aber leicht zu durchschauen und regt höchstens zu einem milden Lächeln an.

Schmunzeln muss man auch dann, wenn renommierte Medien wie ORF, ARD oder ZDF in jeder Nachrichtensendung zeigen wollen, wie modern sie doch sind. Da wird in den Nachrichten anstatt eines sachlichen Berichtes ein verwackeltes und unscharfes YouTube-Amateurvideo gezeigt, statt eines Telefongespräches in vernünftiger Qualität wird dann in den Nachrichten mit jemand vor Ort „geskypt". Im Klartext heißt das, dass dem Zuschauer eine ruckelige Bildsequenz mit einer miserablen Tonqualität vorgesetzt wird – dafür wird aber zweimal erwähnt, dass das ganze über Skype gelaufen ist. Oder man zitiert – natürlich ungeprüft und von einem Redakteur passend zur Redaktionslinie ausgesucht - irgendeine Twitter-Meldung.

Man fürchtet sich geradezu davor, mit seinen Meldungen später als ein anderes Medium dran zu sein und nimmt dafür sogar bewusst Fehlinformationen in Kauf. Man ersetzt also Objektivität, Recherche und verantwortungsvollen Journalismus einfach durch Aktualität.

Liebe Redakteure: das ist NICHT dasselbe!

Auch dazu gibt es ein schönes Beispiel: Anfang 2015 kam fast gleichzeitig in allen wichtigen Medien die Meldung, ein führerloses, schrottreifes Schiff mit syrischen Flüchtlingen sei vor der italienischen Küste von den Schleppern verlassen worden und fast gestrandet.

An dieser Nachricht waren mindestens 80% des Inhaltes schlichtweg falsch. Das NDR-Medienmagazin Zapp hat sich später einmal die Mühe gemacht, die Tatsachen zu dieser Meldung zu recherchieren. Das Schiff hatte bis zuletzt eine Mannschaft mit syrischen Seeleuten an Bord, war keinesfalls schrottreif und wurde lediglich in der letzten Phase durch den Auto-pilot gesteuert.

Als von Zapp dann einen Monat später einige Chefredakteure dazu befragt wurden, war der ein-heitliche Tenor dazu, man habe heutzutage gar keine Zeit mehr, solche Meldungen zu überprüfen! Und das „führerlose Geisterschiff" lieferte ja wunderbare Schlagzeilen. Und außerdem hätte eine spätere Rich-tigstellung ja ohnehin nichts mehr gebracht …

Das alles sogar bei renommierten Medien, die von vielen Menschen derzeit noch als vertrauenswürdig eingestuft werden. Nur - wie lange noch?

Aber wir zahlen unserem ORF genug an unfrei-willigen und geschmalzenen GIS-Gebühren. Daher

bitten wir zumindest ihn um eine solide Berichterstattung.

Das Hauptabend – „Kulturprogramm" mit Wahl-
möglichkeit zwischen Florian Silbereisen und Rosa-
munde Pilcher oder die Massenverdummungshysterie
Songcontest mit all den ORF-Selbstbeweihräucherun-
gen müssen wir sowieso schon alle mitfinanzieren
und geduldig ertragen.

Auch Twitter wird selbstverständlich schon oft
dazu verwendet, gezielt falsche Meldungen in die
Welt zu setzen.

Erst vor zwei Jahren wurde durch eine gefälschte
Twitter-Meldung über ein Attentat auf Präsident
Obama die US-Börse kurzzeitig auf Talfahrt geschickt.
Wer da im Hintergrund die Fäden gezogen hat, hat
damit sicher einige Millionen verdient…

Kürzlich wurde auf „Arte" ein interessanter Bericht über „Amnesty International" gesendet. Dort
gibt es eine Gruppe, die auf YouTube gestellte Videos

mit offensichtlichen Menschenrechtsverletzungen auf ihren Wahrheitsgehalt hin zu überprüfen versucht.

Fazit: es ist heute bei einem Großteil dieser Videos auch für Fachleute unmöglich, festzustellen, was gefälscht ist und was nicht. Dabei können die Videos selbst durchaus echt sein, werden aber sehr oft mit falschen Orts- oder Datumsangaben gezielt zu Propagandazwecken gepostet.

Eine gesunde Skepsis gegenüber den Nachrichten - auch in unseren „klassischen" Medien wie Tageszeitungen, Radio oder Fernsehen - ist daher heute unbedingt angebracht. Auch wenn es um Krisen in Nahost, in Afrika oder in der Ukraine geht – alle Medien werden heute massiv von den Kriegsparteien für Propagandazwecke missbraucht. Hier sind gezielt veröffentlichte Falschmeldungen bereits ein wichtiges Instrument der Kriegsführung geworden.

Aber wieder zurück zu unseren ganz persönlichen Kommunikationsmitteln. Viele davon waren ursprünglich ja nur als Werkzeuge im Dienste des

Menschen gedacht. Inzwischen haben sie aber ein Eigenleben entwickelt, das Millionen ihrer Benutzer in ihrem Verhalten massiv beeinflusst.

Sie haben unser Leben auch nicht immer leichter gemacht. Eine Untersuchung bei einigen Großfirmen hat gezeigt, dass viele leitende Angestellte schon bis zu einem Drittel ihrer Arbeitszeit damit verbringen, ihre E-Mails zu bearbeiten.

Viele Bekannte von mir haben schon ein schlechtes Gewissen, wenn sie nicht zu jeder Tages und Nachtzeit erreichbar sind und werden schon nervös, wenn sie zwei Stunden lang einmal nicht auf ihr Handy schauen können. Und leider kann man dieses Verhalten schon bei unseren Volksschulkindern beobachten.

Durch die moderne Kommunikation hat sich unser Leben auch extrem beschleunigt. Aber was machen wir mit der Zeit, die wir durch die schnelle Kommunikation gewinnen?
Richtig – am besten noch mehr arbeiten!
Anstatt uns mehr Lebensqualität zu verschaffen, treibt uns die IT-Gesellschaft immer mehr vor sich

her. Nach einem kürzlich gesendeten Beitrag im WDR gibt es schon über 2000 verschiedene Buchtitel zum Thema „Zeitmanagement" auf dem Markt. Vor vierzig Jahren waren es gerade mal zwei!

Durch schnelle Kommunikation Zeit gewinnen, um noch mehr arbeiten zu können. Schöne neue Welt!

Wir müssen uns heute auch in vielen Bereichen des täglichen Lebens an unsere kleinen elektronischen Werkzeuge anpassen – und nicht umgekehrt.

Fangen wir einmal mit einigen harmlosen und lediglich ärgerlichen Beispielen an.

Jedes Mal, wenn ich auf einem Gerät eine neue Version von Microsoft Office installiere, muss ich einmal mindestens eine viertel Stunde lang arbeiten, um alle diese dummen Voreinstellungen zu ändern, die ein mitdenkendes Programmiererteam für mich armes Hascherl voreingestellt hat.

Wenn ich das nicht tue, macht sonst die mitdenkende Autokorrektur aus meiner eingetippten „DNA" sofort und ungefragt ein „DANN". Aus „Agnus Dei" (Lamm Gottes) wird „Agnus Die", und so weiter. Und noch dazu sind solche Einstellungen wie die für die Autokorrektur bei jeder neuen Office-Version natürlich wieder unter einem anderen Menüpunkt zu finden.

Ich möchte aber nicht, dass mein Werkzeug für mich vorausdenkt und zu wissen glaubt, was ich als nächstes tun werde oder was ich vielleicht gemeint haben könnte!

Das tut meine Stichsäge ja auch nicht – und ich bin sehr zufrieden mit ihr!

Auch die Firma Apple denkt für ihre Kunden liebend gerne voraus. Versuchen sie nur einmal auf einem iPad oder iPhone ihre Multimediadateien nach anderen Kriterien abzuspeichern, als die Apple-Entwickler für sie vorgesehen haben – eventuell sogar sortiert in eigenen Ordnern…

Da werden sie sehr schnell merken, dass Apple eigentlich gar keine Individualisten mag – obwohl sich die meisten Apple-User ja gerade dafür halten.

Das oben zitierte Microsoft-Office ist übrigens ein gutes Beispiel dafür, wie anfangs gute und nützliche Programme wie Word oder Excel so lange „verbessert" werden, bis sie am Ende total überladen, kompliziert und unübersichtlich sind. Aber die Programmierer müssen ja alle beschäftigt werden.

Das gilt inzwischen für alle Programme und alle Betriebssysteme – egal ob das die Windows, Android – oder die iOS-Welt ist. Sperren sie ihrem Smartphone nur einmal für ein Monat alle Datenverbindungen. Was sich nach der Freigabe danach abspielt, ist erstaunlich – da müssen plötzlich zig an und für sich funktionierende Programme dringend upgedatet werden!

Was Marketingabteilungen und ihre willigen Programmiererteams so alles anstellen können, wenn man sie nur lässt, ist manchmal geradezu beängstigend.

Beobachten sie nur einmal einen alten Menschen oder einen ausländischen Gast vor einem Fahrkartenautomat der Wiener Verkehrsbetriebe. Comedy pur! Ist aber natürlich wesentlich billiger als ein menschlicher Kartenverkäufer oder gar ein Schaffner in jeder Straßenbahn!

Und manche unserer neuen Haushaltsgeräte lassen sich ohne Studium des umfangreichen Handbuches von einer durchschnittlichen Hausfrau (oder einem durchschnittlichen Hausmann) gar nicht mehr bedienen…

Die Einführung des bis zu 31-stelligen IBANS beim elektronischen Bankverkehr in Europa ist auch so ein wunderbares Beispiel für die Anpassung des Menschen an die IT-Gesellschaft. Während man vor zwanzig Jahren bei seiner Bank noch problemlos jemandem Geld überweisen konnte, wenn man nur dessen Namen und Wohnort kannte, muss man heute dafür unbedingt den elendslangen und kaum merkbaren IBAN fehlerfrei eingeben.

Da soll noch jemand behaupten, Systeme und Maschinen wären nicht dabei, gerade die Kontrolle über unser tägliches Leben zu übernehmen.

Manche Menschen richten sich ja sogar schon beim Joggen nach einer App, anstatt auf die Signale ihres Körpers zu hören. Und behandeln dann ihre

Krankheiten lieber mit Hilfe eines Internetforums als beim Hausarzt.

In einigen Jahren wird dann sowieso unsere Zahnbürste online an die Krankenkasse melden, ob wir uns auch brav die Zähne putzen...

Beim Auto kommt das ja als nächstes. Was bei modernen Flugzeugen schon Standard ist, wird uns da auch blühen. In spätestens 20 Jahren wird nicht mehr der Fahrer die letzte Entscheidung darüber haben, ob nach rechts oder nach links ausgewichen wird, sondern der Zentralcomputer. Das Auto wird mich kontrollieren – nicht umgekehrt.

Nachdem Autos ja prinzipiell schon seit mehr als zwanzig Jahren selbstständig navigieren können *(nein, das hat nicht Google erfunden …)* und in Kürze auch ständig mit dem Internet kommunizieren werden, arbeiten Hacker schon fleißig daran, auch Autos ferngesteuert übernehmen zu können.

Vom Ausschalten einer einzelnen Zündung bis zu gesteuerten Massenkarambolagen auf den Autobahnen wird bald jedes Szenario technisch möglich sein.

Bei Wasserwerken und atomaren Aufbereitungs-anlagen geht das sowieso schon lange – googeln sie nur einmal nach „*Stuxnet*"…

Und was passiert, wenn einmal ein echter Cyberangriff auf das europäische Stromnetz stattfindet, will ich mir gar nicht vorstellen. Aber die Medien verbreiten zu diesem Thema statt fundierter Information auch lieber quotenbringende Hysterie wie vor dem Jahr 2000 oder der partiellen Sonnenfinsternis im März 2015. Ja, es stimmt schon: wer nichts weiß, muss alles glauben …

Im Zusammenhang mit dem vorher erwähnten Auto auch interessant: Mercedes hat schon vor etlichen Jahren wegen der stark erhöhten Pannengefahr durch Softwarefehler in ihrer damaligen S-Klasse rund 600 (!) der ursprünglich vorprogrammierten Software-Features wieder eliminiert.

Schön, dass Manager und Techniker auch von Zeit zu Zeit erkennen, dass für zuverlässige Systeme eine einfache und ausgereifte technische Lösung doch sinnvoller ist, als eine solche, die theoretisch fast alles kann – aber das halt nicht immer …

Dass vom Auto bis zum Kühlschrank in Zukunft fast jedes unserer Geräte eine Internetanbindung haben wird, ist natürlich auch für einen Techniker wie mich eine faszinierende Vorstellung. Aber ob es wirklich sinnvoll ist, wenn sich unsere Haushaltsgeräte selbstständig miteinander oder mit dem Supermarkt und dem Energieversorger unterhalten, wird sich erst in einigen Jahrzehnten zeigen.

Ich erinnere mich da noch dunkel an die Euphorie der Atomlobby in den späten sechziger Jahren. Da wurden in den USA noch enthusiastische Werbefilme über radioaktiv behandelte Riesen-Erdnüsse oder eine radioaktive Zahnpasta gezeigt und man plante allen Ernstes, mit atomaren Explosionen einen neuen Kanal parallel zum Panamakanal herauszusprengen…

Dass die Atomenergie eigentlich eine recht problematische und gefährliche Technologie ist, ist den meisten verantwortlichen Politikern leider auch erst Jahrzehnte später klar geworden.

Apropos USA: wie haben wir doch vor einigen Jahren noch über das amerikanische Rechtssystem gelacht, in dem eine Frau einen Hersteller von Mikrowellenherden mit Erfolg verklagte, weil ihre nasse Katze den gut gemeinten Trocknungsvorgang im Herd nicht überlebt hatte.

Oder der übergewichtige Jugendliche, der von McDonalds Schadenersatz bekam, weil er sich selbst durch zu viele Hamburger bewegungsunfähig gefuttert hatte.

Inzwischen sind wir in Europa auch so weit.

Wir überlassen beim Autofahren das Denken unseren Navigationssystemen, den Einparkhilfen und den Bremsassistenten und verklagen im Schadensfall den Hersteller. Wir verklagen einfach den Telefonanbieter, wenn das Töchterchen plötzlich eine Telefonrechnung von mehreren hundert Euro hat.

Wir machen uns immer mehr von Geräten und Apps abhängig und passen unser Verhalten den vorgegebenen Regeln von Google, Facebook, Twitter, WhatsApp, Apple und dem Diktat unserer Telefonprovider an.

Es wäre eigentlich langsam an der Zeit, dass die Menschen wieder zu denkenden Individuen werden und die Kontrolle über ihr Verhalten wieder selbst übernehmen. Von der Verantwortung für das eigene Handeln ganz zu schweigen.

Auch schlimm: wir sind nicht mehr die Herren über unsere eigenen Daten. Auch wenn das viele Menschen noch gar nicht richtig realisiert haben.

Konzerne wie Google, Facebook oder Amazon nutzen dieselben modernen Technologien wie die vielgeschmähte NSA, die sowieso nur das tut, was alle Geheimdienste ohnehin schon jahrhundertelang getan haben und weiterhin tun werden: mit allen technisch möglichen Mitteln überwachen und aufzeichnen.

Selbst wenn man sich extrem vorsichtig im Web verhält, hat man als Normalbenutzer kaum Chancen, dieser Überwachung und sogar handfesten Manipulationen zu entgehen.

Ein besonders schönes Beispiel dazu hat Facebook 2014 geliefert, als zehntausende seiner User für eine interne Studie bewusst manipuliert wurden. Eigentlich ist das schwerstens kriminell.

Viele Facebook-User glauben ja auch, dass Facebook von ihnen nur diese Daten hat, die sie selbst dort posten und freigeben. Das stimmt leider nicht.

Diejenigen, die das nicht glauben, brauchen nur einmal nach *Max Schrems* und seiner *Facebook-Klage* zu googeln und dort einmal genauer nachzulesen…

Und es wird in Zukunft noch schlimmer werden. Bargeldlose Zahlung mittels Handy oder Smartwatch über die NFC-Technik (Near Field Communication) ist ja schwer im Kommen. Nur, was viele Menschen gar nicht wissen: Konzerne wie Google, Apple, Facebook oder die ehemalige Ebay-Tochter PayPal haben sich schon jetzt die Banklizenzen dafür in ganz Europa gekauft und werden daher in Zukunft auch über unsere finanziellen Transaktionen im Detail bestens Bescheid wissen.

Nicht die amerikanische NSA, die italienische Mafia oder die chinesischen Triaden machen mir Sorgen, sondern genau diese noch als harmlos geltenden coolen Konzerne.

Noch dazu machen alle diese Firmen zwar in Europa riesige Gewinne, zahlen hier bis jetzt aber fast keine Steuern dafür – Stichworte „Double Irish" oder Briefkastenfirma in Luxemburg. Wo war da gleich der Unterschied zur Mafia?

Und warum hat der fleißig arbeitende Bürger in Europa noch immer einen Steuersatz von bis zu 50 Prozent, wenn Amazon in Luxemburg nur ein Prozent (!) an Einkommensteuern zahlt?

Die Antwort ist einfach: weil unsere Politiker das zugelassen haben und noch immer nicht gewillt sind, das zu ändern. Ein Schelm, der Böses dabei denkt…

Aber was hat denn das alles mit unserer Schule zu tun?

Unsere Gesellschaft befindet sich derzeit in einem nie zuvor da gewesenen rasanten Wandel – und nicht alles ändert sich unbedingt zum Besseren.

Unser Schulsystem hat sich aber bekanntlich in den letzten Jahrzehnten nicht gravierend verändert. Es geht in seinen Grundstrukturen noch immer auf die Zeit von Kaiserin Maria Theresia zurück und zeigt sich doch sehr resistent gegenüber wirklichen und tiefgreifenden Reformen.

Aber auf die oben erwähnten gesellschaftlichen Änderungen zu reagieren und auch die Gefahren der modernen Kommunikationsgesellschaft bewusst zu machen, wird eine der wichtigsten Bildungsaufgaben der zukünftigen Schule sein müssen. Der klassische Informatikunterricht ab der Unterstufe wird da wohl nicht mehr ausreichen.

Leider sehen das viele Eltern noch gar nicht als Problem. Kürzlich wurde mir erzählt, dass sich eine Mutter bei einer steirischen Volksschullehrerin beschwert hatte, weil diese die Kinder zu ihrem Benutzerverhalten am heimischen PC befragt hatte. Sie wollte in dieser Unterrichtsstunde nur auf die Gefahren im Internet hinweisen. Wörtlicher Kommentar der Mutter: „was meine Tochter zu Hause mit unserem PC macht, geht sie gar nichts an!" Aber erziehen soll die Lehrerin die Tochter dann natürlich schon…

Noch zu einem anderen konkreten Thema: Smartphones und kommunikationsfähige Tablet-PCs in der Schule.

Ich halte ein Handyverbot an unseren Schulen während der Unterrichtszeit zumindest für diskussionswürdig. Natürlich für Schüler und für Lehrer. Und das nicht, weil ich gar so altmodisch und rückständig bin, sondern aus durchaus handfesten Gründen.

Handys sind heute extrem leistungsfähige Kommunikationsgeräte und haben als Smartphones schon eine höhere Rechenleistung als jene Computer, die 1969 die Mondlandung gesteuert haben.

Abgesehen von der ständigen Verführung zur Ablenkung kann man sie natürlich auch vielfältig und trickreich zum Schwindeln in der Schule und beim Studium einsetzen. An jeder höheren Schule gibt es genug Beispiele, wie durch multimediafähige und vernetzte Smartphones täglich Leistungen vorgetäuscht und gute Noten erschwindelt werden. Oft kommen die Lehrer ja nur durch Zufall dahinter. In diesem Fall wird dann die Note nicht gewertet und die Schwindler dürfen die Arbeit wiederholen – meist auch ohne irgendwelche wirksame disziplinäre Konsequenzen. So wollte der Gesetzgeber das ja haben.

Übrigens: wenn Tests oder Schularbeiten nur das reine Reproduzieren von Fakten und Details überprüfen, werden wir in Zukunft das Erreichen unsere Bildungsziele damit ohnehin kaum kontrollieren können.

Denn diese Fakten stellt uns das Netz in Sekundenschnelle immer und überall zur Verfügung – das hat aber, wie schon gesagt, mit echter Bildung nichts zu tun.

Bei schriftlichen Maturaarbeiten müssen in den meisten Schulen die Handys vor Arbeitsbeginn bei der Aufsicht abgegeben werden. Da staunen die Lehrer dann oft nicht schlecht, wie viele total veraltete Modelle da auf einmal vorn auf dem Lehrertisch liegen. Warum wohl?

Vor der ersten allgemeinen AHS-Zentralmatura wurde übrigens genau dieses Problem in den Medien von der Frau Bildungsministerin und einem linientreuen Direktor als praktisch nicht vorhanden abgetan. Es ist schon erschreckend, wie wenig Ahnung manche Leute von ihrem eigenen Umfeld haben…

Durch die modernen kommunikationsfähigen Geräte im Unterricht ist die Versuchung zum Schwindeln und zur Ablenkung so hoch, dass dem viele Schüler einfach nicht widerstehen können.

Sehr beliebt bei Schülern ist es auch, Lehrerpannen, Schülerstreiche oder körperliche Misshandlungen von Mitschülern auf Video aufzunehmen und das sofort auf YouTube zu posten.

Dann wieder schauen sich die Erstklässler unter großem Gejohle in der großen Pause einen Hardcore-Porno auf einem Tablet-PC an.
Jede höhere Schule kennt heute diese Szenarien.

Und wenn dann wieder einmal ein braver Direktor in den Medien behauptet, an seiner Schule wäre das doch alles kein Problem, dann sollten das die Redakteure bitte auch einmal hinterfragen…

Ich habe lange genug selbst in sogenannten „Laptopklassen" unterrichtet - schon zu einer Zeit, als das noch etwas Besonders war. Den Computer haben wir aber gezielt immer nur dort eingesetzt, wo seine Verwendung sinnvoll oder zeitsparend war. Trotzdem war die Versuchung, sich ablenken zu lassen, ständig präsent und die Lehrer mussten auch ständig aktiv gegen dieses Problem arbeiten.

Natürlich sind in einer modernen Arbeitswelt die elektronischen Hilfsmittel in vielen Branchen schon absolut unverzichtbar. Es wird von unseren Schulabgängern auch erwartet, dass sie diese Hilfsmittel beherrschen und sinnvoll einsetzen können. Derzeit ist es aber meist umgekehrt: die IT-Geräte beherrschen die Anwender.

Obwohl sich das manche Jugendliche gar nicht vorstellen können: es gibt auch heute noch genug Aufgaben in der Schule und im täglichen Berufsleben, die auch ohne elektronische Hilfsmittel effizient und schnell erledigt werden können. Die mächtigen Möglichkeiten, die die elektronischen Werkzeuge bieten, verstellen leider schon oft den Blick auf das Wesentliche.

Wenn zum Beispiel ein Programm die Lösung für ein spezielles Problem nicht unmittelbar anbietet,

wird es von vielen Jugendlichen heute bereits als un-
lösbar hingenommen. Vor allem in den technischen
Fächern habe ich das im eigenen Unterricht oft beobachten können.

Problemlösungskompetenz darf aber nicht an das
Vorhandensein der passenden App gebunden sein!

Vom durchgehenden kritiklosen und vor allem zu
frühen Einsatz von IKT-Technologien im Unterricht
halte ich daher gar nichts.

Vor allem sollten gewisse Grundfertigkeiten und
Kompetenzen eines gebildeten Menschen auch ohne
diese Hilfsmittel erhalten bleiben.

Gerade im technischen Bereich wird kaum ein In-
genieur ernst genommen werden, wenn er nicht auf
der Baustelle ein Problem schnell per Hand skizzieren
oder überschlägig ein Rechenergebnis im Kopf auf
Plausibilität überprüfen kann.

Aber schon bei der durchgehenden Einführung
der Taschenrechner an unseren höheren Schulen
konnte man feststellen, dass viele Schüler einfach
blind auf das vertrauten, was da am Display angezeigt

wurde – selbst wenn das Ergebnis um Größenord-
nungen daneben lag.

Dieser Trend setzt sich heute fort: für manche
Menschen hat der Computer immer recht. Das sind
dann auch diejenigen, die beim Autofahren genau
dann rechts abbiegen, wenn es das Navi vorgibt,
selbst wenn da nur Eisenbahnschienen sind …

Natürlich kann man argumentieren, man brauche
heute keine Rechtschreibregeln mehr – das macht
Word ja schon viel besser. Man braucht ja nicht
einmal die Schreibschrift – für die Bedienung des
iPads reicht ja sowieso die Druckschrift!

Oder man braucht ja auch nicht mehr Kopfrech-
nen zu können - auf jedem Handy gibt es ja eine Ta-
schenrechner-App. Wir brauchen uns nicht einmal
mehr die eigene Telefonnummer zu merken. Und die
Hauptstadt von Chile hat man in Sekundenschnelle
gegoogelt.

Eigentlich brauchen wir ja nur mehr unsere
Smartphones und Tablets bedienen zu können!

Wenn das aber unser Bildungsziel ist, reichen locker vier Jahre Volksschule!

Doch das können doch wohl nicht im Ernst die Perspektiven für unsere Jugend sein! Und das wäre wohl auch zu wenig, um den Fortbestand unseres wirtschaftlichen Wohlstands in Europa zu sichern.

In letzter Zeit wurden in unserem ORF immer wieder geradezu enthusiastische Beiträge zu vermeintlich fortschrittlichen und modernen Schulen gezeigt, die Tablets und Smartphones durchgehend im Unterricht einsetzen.

Im ersten Beitrag wurde als „vorbildliche" Schule eine NMS in Wien präsentiert, in der die Schüler per App Englisch-Vokabel lernten.

In einer anderen Sendung erklärte ein Lehrer ganz stolz, dass alle seine Schüler natürlich einen WhatsApp - Account hätten und die Hausübung nur mehr über diese Plattform bekannt gemacht würde.

Dann wurde noch eine dänische Volksschule präsentiert, in der alle Kinder nur mehr mit iPads statt mit Schulbüchern ausgestattet waren und gar nicht mehr die Schreibschrift lernen mussten – weil es ja bekanntlich zur Bedienung des iPads nicht mehr notwendig ist. Kann man in Zukunft dabei vielleicht sogar auf die Erlernung der Druckschrift verzichten? Es gibt ja dafür die viel, viel coolere Apple-Sprachsteuerung Siri - vielleicht sogar noch über die dazu passende Smartwatch…

In allen Berichten wurde nur begeistert von diesen „modernen" Schulen berichtet, ohne dass es die Macher der Sendungen für Wert befunden hätten, das auch einmal zu hinterfragen.

Was machen denn die NMS-Schüler mit ihrem Smartphone die restlichen 95% der Unterrichtszeit, in der sie die Vokabel-App nicht nutzen?

Fördert das wohl Individualismus und kritisches Denken, wenn alle Schüler schon in der ersten Klasse zur Zwangsmitgliedschaft bei WhatsApp verpflichtet werden?

Und was sagen eigentlich die dänischen Eltern dazu, wenn ihren Sechsjährigen schon ein Apple-Gerät verordnet wird – steckt da etwa gar eine Werbestrategie dahinter?

Und vor allem: wie sind denn dann die Lernerfolge an diesen Schulen, verglichen mit dem „altmodischen" Unterricht?

Ohne das wirklich zu evaluieren, versuchen sich heute viele Schulen mit solchen Aktionen gegenseitig zu übertrumpfen – wohl auch, um in Zeiten der geburtenschwachen Jahrgänge damit vermehrt Schüler zu ködern…

Dazu passend: in vielen österreichischen Volksschulen wurde 2014 den Erstklässlern von der Schule eine Begrüßungsbox überreicht, in der den Kindern in einem kleinen Vorlesebuch suggeriert wurde, sie müssten ab jetzt selbstverständlich ein Smartphone und eine Bankomatkarte haben, um „hip" zu sein. Das ganze wurde natürlich von einer Bank gesponsert.

Ein Extrembeispiel dazu gibt es auch aus den Vereinigten Staaten von Amerika: im Bundesstaat Georgia wurde bereits 2003 ein Laptop-PC speziell für Dreijährige (!) mit ständiger Internetverbindung auf den Markt gebracht. Er war auf einem kleinen Rollwagerl befestigt, damit er auch im Schlafzimmer direkt neben dem Bett stehen konnte...

Ob das für die Entwicklung dieser Kinder wirklich besonders förderlich war, wurde von den Medien später leider nie mehr hinterfragt. Ich glaube es ja nicht.

Manche Experten versichern den Eltern, eine so frühe Nutzung dieser Geräte und des Internets sei doch gar kein Problem. Man könne doch einen kindgerechten Browser installieren, dann alle zu sperrenden Seiten festlegen (womöglich noch mit händischer Einzeleingabe ...) und ähnliche hilfreiche Tipps.

Ja leben denn diese Experten auf dem Mond? Jeden Tag gehen tausende neuer Webseiten online. Wie soll man das als Elternteil denn kontrollieren?

Und wenn man sich so „kindgerechte" Spezialprogramme oder Spiele einmal näher anschaut, wird einem auch noch etwas anderes unangenehm aufstossen: die mehr oder weniger versteckte Werbung.

Ja, auch unsere drei- bis fünfjährigen Kinder sind als Zielgruppe schon lange im Visier der Werbeagenturen und kennen von CocaCola bis zu Apple natürlich schon alle wichtigen Logos…

Die Leser mögen mir diesen ausführlichen Exkurs in unsere moderne Kommunikationsgesellschaft verzeihen. Aber ich bin der Meinung, dass unser Bildungssystem bis jetzt noch viel zu wenig auf diese gesellschaftliche Revolution reagiert hat.

Nochmals: eine der wichtigsten Aufgaben im zukünftigen Unterricht wird es sein müssen, auch den verantwortungsvollen und kritischen Umgang mit der Informationstechnik zu schulen. Die Gefahren unserer IKT-Gesellschaft sind heute bereits so groß, dass man unsere Kinder gar nicht früh genug darauf hinweisen kann.

Unsere Kids schon im Kindergarten und in der Volksschule mit Smartphones und Tablet-PCs auszurüsten, ist für diese sicher cool und lustig und manchmal sogar nützlich beim spielerischen Wissenserwerb.

Aber werden Kinder derartig früh und ohne ausreichende Begleitung mit unseren modernen Kommunikationsmitteln in Kontakt gebracht, besteht immer die Gefahr einer Fehlentwicklung und einer späteren Abhängigkeit.

Ohne die geeigneten Erziehungsmaßnahmen Hand in Hand mit der Anwendung solcher Geräte werden wir eine Vielzahl von kritiklosen, manipulierbaren, internetsüchtigen und wohl auch übergewichtigen und ungesunden Jugendlichen bekommen.

So lange diese frühen flankierenden Erziehungsmaßnahmen nicht durch Elternhaus, Kindergarten und Volksschule sichergestellt werden, haben daher auch Smartphones und Tablet-PCs nichts dort verloren.

Und Lehrerinnen und Lehrer, die wahl- und bedenkenlos alle neuen Technologien einsetzen, nur um als cool zu gelten, halte ich eigentlich nicht für besonders fortschrittlich, sondern lediglich für verantwortungslos.

Ziel von Bildung muss es doch sein, denkende und kritische Individuen heranzuziehen. Individualismus ist sowieso eine der wesentlichen Wurzeln für Kreativität und damit auch für den Erfolg einer Volkswirtschaft.

Der Trend bei unseren Jugendlichen geht aber derzeit eindeutig in die umgekehrte Richtung.

Wer traut sich denn im Netz seiner virtuellen Community noch, ein echter Individualist zu sein?

Das Ministerium und seine Reformen – Unglück oder Unfähigkeit?

Jede Unterrichtsministerin der letzten Jahre – und ganz speziell Claudia Schmied - hatte immer das Problem, bei ihren Reformbemühungen gleich an mehreren Fronten kämpfen zu müssen: gegen die politischen Parteien, gegen mächtige Landesfürsten, gegen die Lehrergewerkschaft und gegen das Finanzministerium.

Letzteres hat ja immer wieder behauptet, dass für Schulen in Österreich verhältnismäßig viel Geld ausgegeben wird, ohne dass die Erfolge unserer Schüler dazu proportional gut wären – meist mit Bezug auf eine OECD-Studie.

Die erste Behauptung stimmt teilweise: wir haben ein relativ teures System. Allerdings gibt z.B. Norwegen 5,1% des Bruttoinlandproduktes für Bildung aus, Österreich dagegen "nur" 3,6% (*Quelle: Weg in die Wirtschaft*).

Die zweite Behauptung stimmt nicht: viele unsere Schüler erbringen im Gegensatz zu dem, was uns die

PISA-Studie immer glauben lassen möchte, durchaus zufriedenstellende Leistungen. Das wird immer wieder auch durch Spitzenleistungen unserer Jugendlichen bei internationalen Bewerben belegt. Von Lehrlingen bis zu UNI-Absolventen sind dort immer wieder auch österreichische Teilnehmer auf Spitzenplätzen zu finden.

Um weiter zu differenzieren: aus der PISA-Studie konkrete Ansätze für eine Bildungsreform herauslesen zu wollen, halte ich für absolut unsinnig. Bei dieser Studie gibt es nach wie vor so viele Schwachstellen, dass vor einer Überbewertung nur gewarnt werden kann. Schon 2006 wurde in einer Studie von *Neuwirth, Ponocny und Grossmann* nachgewiesen, wie fehlerhaft in einigen Bereichen die Auswertung war. In Österreich wurden zum Unterschied in anderen Ländern auch Lehrlinge und Sonderschüler getestet.

Nähme man die PISA-Studie für blanke Münze, müsste es auffällig viele Analphabeten in Luxemburg - einem der Schlusslichter im Test - geben. Natürlich ist das nicht der Fall.

Der Autor Niki Glattauer hat diese Thematik in seinem amüsanten Buch „*Die PISA-Lüge*" ja schon einmal erschöpfend abgehandelt.

Trotzdem geistern die Ergebnisse dieser unseligen OECD-Studie immer wieder von neuem durch die Medien und von manchen Journalisten wird eine „Verbesserung" oder „Verschlechterung" um drei Plätze dann ernsthaft und seitenlang kommentiert. So etwas liegt bei der geringen Anzahl der Getesteten ja schon in der statistischen Schwankungsbreite und besitzt alleine deswegen absolut keine Aussagekraft.

Jedem, der sich nur ein bisschen mit Statistik auskennt, müsste das eigentlich klar sein.

Nach jeder Studienveröffentlichung wird auch der ständige „Testsieger" Finnland immer wieder mit Österreich verglichen, ohne darauf einzugehen, dass die Schülerhöchstzahl dort 20 (!) pro Klasse beträgt, dass es eine durchgehende und flächendeckende soziale und schulpsychologische Unterstützung an den Schulen gibt, dass die Anzahl der Kinder mit Migrationshintergrund extrem gering ist, dass praktisch alle

Kinder ausreichend gut Finnisch sprechen, und so weiter.

Wir haben es hier mit einer völlig anderen Ausgangssituation zu tun, vor allem was die Homogenität des „Schülermaterials" betrifft.

Dass die Alkoholiker- und Selbstmordrate unter den finnischen Schülern zigmal so hoch ist wie unter den österreichischen, wird in diesem Zusammenhang meist lieber nicht erwähnt.

Bei der sogenannten HBSC-Studie (*Health Behaviour in School-Aged Children*) der WHO, die u.a. die Zufriedenheit der Schüler untersucht, liegt bezeichnenderweise Finnland ganz weit hinten und Österreich ganz weit vorne …

Und noch etwas soll hier ein für alle mal vermerkt werden: es lässt sich aus den PISA-Testergebnissen auf gar keinen Fall herauslesen, ob die Gesamtschule das bessere Modell ist oder nicht!

Insgesamt zeigt sich also bei näherer Betrachtung, dass die PISA-Studie keineswegs ein Instrument ist, das ohne weiteres und ohne Beachtung der komplexen Randbedingungen für einen tatsächlichen Leistungsvergleich zwischen unterschiedlichen Schulsystemen herangezogen werden kann.

Gerade die Medien tun das aber gerne. Ohne sich mit den Hintergründen der Studie überhaupt zu beschäftigen, werden einzelne Details herausgerissen und oft genug auch die falschen Schlüsse daraus gezogen.

So habe ich vor einigen Jahren einmal ein ganz typisches Interview dazu miterlebt. Ein Teilbereich der PISA-Studie hatte ergeben, dass unsere Mädchen in den mathematischen Kompetenzen merkbar schlechter abgeschnitten hatten als die Burschen.

Erste Frage der Interviewerin an den Gesprächspartner: „Wird also Mathematik in Österreich noch immer völlig falsch unterrichtet?" Kommentar überflüssig.

Was allerdings auch ohne PISA-Studie offensichtlich und unbestreitbar ist: zu viele unsere Pflichtschulabgänger können nicht ausreichend Rechnen, Schreiben und Lesen!

Fragen sie nur einmal einen Personalchef, der Lehrlinge sucht – dazu braucht man wahrlich keine PISA-Studie.

Und über 300.000 geschätzte Analphabeten in Österreich sind für eine „Kulturnation" eindeutig zu viel.

Hier die alleinige Schuld auf die Pädagogen zu schieben ist aber absolut fehl am Platz. Das wurde schon an anderer Stelle ausgeführt. Hier müssen im System einfach bessere Bedingungen geschaffen werden, z.B. durchgehende Zweitlehrerbetreuung bei Integrations- oder Migrantenkindern und die Sicherstellung grundlegender Kenntnisse der deutschen Sprache. Dann werden auch die Ergebnisse der Volksschulabgänger besser werden und damit werden sich auch die Schulerfolge der Kinder mit Migrationshintergrund an der Sekundarstufe verbessern.

Dass einige Daten zur PISA-Studie infolge eines Datenlecks auf einem ausländischen Server öffentlich zugänglich waren, hat 2014 einen gewaltigen medialen Aufschrei verursacht. Dabei ist das sicher das kleinste

Problem, das wir jemals mit unserem Unterrichtsministerium hatten. Eigentlich war diese Sache völlig
unerheblich und nicht einmal eine Kurzmeldung wert.

Die nachfolgenden Pannen beim ersten Probelauf
und bei der ersten Zentralmatura selbst waren da
schon von schwererem Kaliber.

Bei den ersten Reformansätzen 2012 zur
Zentralmatura musste Ministerin Schmied nachgeben,
und die ganze Einführung um ein Jahr verschieben,
nachdem der öffentliche Protest allzu groß geworden
war. In bewährter Medienmanier wurde dieses Zuge-
ständnis dann sofort als „persönliche Niederlage der
Ministerin" transportiert.

Ähnliches passierte dann auch ihrer Nachfolgerin,
Frau Gabriele Heinisch-Hosek mit der verschobenen
Teilnahme am PISA-Test und den Pannen bei der
allerersten Zentralmatura. Auch sie wurde medial
sofort mit Spott und Hohn überschüttet.

Einfach hat es so eine Ministerin bei unseren Medien ja nicht – aber das Mitleid mit ihr wird sich wohl

in Grenzen halten. Politiker-Bashing bringt ja gute Quoten, und eigentlich trifft's ja keine Falsche...

Übrigens: als oftmaliger Vorsitzender bei der Reifeprüfung an verschiedenen Schulen kann ich bestätigen, dass Pannen bei der Matura nicht nur dem Ministerium und dem BIFIE passiert sind, sondern oft genug auch an den Schulen selbst. Und das wird sich auch in Zukunft wohl kaum völlig verhindern lassen.

Wo Menschen arbeiten, werden eben auch Fehler gemacht.

Solange diese Pannen durch die Schulen kurzfristig behoben werden konnten, war das ja nie ein wirklich großes Problem. Wirken sich diese Pannen allerdings in Zukunft österreichweit aus und können nicht unmittelbar durch die Schulen selbst behoben werden, wird man sich im BIFIE wohl noch geeignete qualitätssichernde Maßnahmen zur Durchführung der Zentralmatura überlegen müssen.

Der letzte Stand sieht ja derzeit so aus: die Aufgabenstellungen werden schon drei Tage vorher in fertigen Ausdrucken für jeden Kandidaten an die Schulen übermittelt und müssen dort dann kontrolliert werden. Das bedeutet bei großen Schulen eine kurzfristige Überprüfung von bis zu mehreren zehntausend Seiten (!) durch die Fachprofessoren. In bewährter Manier hat damit das Ministerium die Arbeit und die Verantwortung wieder an die Schulen übertragen.

Wozu eine Aufgabenstellung in Mathematik bis zu vierzig Seiten umfassen muss, entzieht sich sowieso meinem Verständnis. Aber der Trend geht ja dahin, jedem Kandidaten bis ins kleinste Detail alle Randbedingungen zu erläutern und sogar die Lösungswege schrittweise vorzugeben. Der junge Gauß wäre bei so einer Mathematikmatura wohl mit Bomben und Granaten durchgerasselt.

Beim Probedurchlauf der Mathematikmatura 2014 an mehreren AHS gab es übrigens rund 30% „Nicht genügend“. Der mediale Aufschrei daraufhin war gewaltig. Ziel muss es offensichtlich sein, Null Prozent negative Noten zu bekommen.

Nur – wozu braucht man eine Reifeprüfung dann überhaupt noch, wenn es in Zukunft sowieso alle problemlos schaffen sollen?

Die fehlenden Seiten bei einer Aufgabenstellung beim Probelauf der ersten Zentralmatura waren übrigens Schuld der Druckerei und nicht des BIFIE. Aber das fand in den Medien später kaum Beachtung. So eine Meldung gibt ja auch weit weniger her, als die Ministerin gleich zum Rücktritt aufzufordern…

Die Reaktion von Ministerin Heinisch-Hosek, daraufhin die beiden BIFIE- Direktoren zu entlassen, hat das Problem leider auch nicht gelöst. Denn führende Posten in solchen Institutionen wurden und werden viel zu oft politisch besetzt, statt sich wirklich Fachleute aus der Schulpraxis zu holen.

Auch die „Zurückverlagerung" der Zentralmatura vom BIFI ins Ministerium wird da keine Verbesserung bringen, wenn da nicht endlich Fachleute aus der Praxis das Sagen bekommen.

Dass die Server bei der ersten zentralen Abgabe der „Vorwissenschaftlichen Arbeit" wegen Überlastung zeitweise nicht erreichbar waren, hätte man eigentlich auch voraussehen können. Das war aber auch nicht wirklich das Riesen-Problem, als das es in den Medien dargestellt wurde. Die echten Probleme bei der neuen Matura liegen in ganz anderen Bereichen.

Prinzipiell halte ich eine österreichweit vergleichbare Matura in einigen Kernfächern und zur Überprüfung von Mindeststandards für durchaus sinnvoll. Es gibt nur im Konzept und in der Durchführung der Zentralmatura noch immer sehr viele Detailprobleme, die eigentlich noch gelöst werden müssten.

Die Angst von Eltern und Schülern vor dem ersten Probedurchgang 2014 war allerdings völlig unbegründet. Schon aus politisch-taktischen Überlegungen durfte dieser erste Durchgang kein notenmäßiges Desaster werden.

Es ist ja auch bekannt, dass kritische Aufgabenstellungen, die in den vorhergegangenen Feldtests als solche erkannt wurden, vorsorglich dann nicht zur ersten Zentralmatura gegeben wurden.

Man ist also noch bei der alten und üblichen Praxis geblieben, das Niveau der Fragen an das Niveau der Kandidaten anzupassen. Der mediale Druck dazu hält ja unvermindert an. Negative Noten werden in der Öffentlichkeit nach wie vor - neben der Unfähigkeit der Lehrer - am liebsten durch eine zu schwierige Aufgabenstellung begründet.

Soll die Zentralmatura aber als echte und vergleichbare Referenz gelten und den Absolventen auch ein gewisses Bildungsniveau bescheinigen, muss man wohl in Zukunft diesem medialen Druck standhalten und trotzdem entsprechend anspruchsvolle Aufgaben stellen.

Bei den Direktoren der Schulen habe ich das Zögern vor der Einführung der Zentralmatura schon verstanden. Sie stellt ja erhebliche Anforderungen an die Organisation und Ausstattung einer Schule.

Ich denke da z.B. nur an die HTL Mödling mit etwa 3500 Schülern, an der dann mehrere hundert Reifeprüfungskandidaten an einem einzigen Tag an genauso vielen überprüften und gesicherten Schul-PCs ihre schriftliche Reifeprüfung ablegen müssen. Ein organisatorisches Horrorszenario für jede große Schule!

Aber auch dazu wird es für die Schulen keine zusätzlichen Mittel geben. Wieder das alte österreichische Prinzip: Reform ja, aber kosten darf es nix! Die Schulen werden das schon irgendwie machen.

Es wird auch immer wieder argumentiert, dass die Voraussetzungen für die Zentralmatura für Schüler aus unterschiedlichen Schultypen nicht dieselben seien: in einer AHS haben die Schüler z.B. viel mehr Deutsch- oder Englischstunden als an einer technisch-gewerblichen BHS.

Dieses Argument möchte ich aber nicht gelten lassen. Die Zentralmatura soll ja einen einheitlichen Mindeststandard definieren bzw. überprüfen. Und dieser Standard sollte doch unabhängig vom Schultyp auf alle Fälle erfüllt werden. Spitzenleistungen dabei können ja nach wie vor in der Notenskala entsprechend honoriert werden.

Dazu gibt es ja bereits einen Vorschlag: die zu überprüfenden Mindeststandards werden zentral durch einen Teil der Aufgaben vorgegeben. Wird dieser Teil erfüllt, ist die Note auf alle Fälle positiv.

Der zweite Teil der Aufgaben soll aber nach wie vor von den Schulen selbst kommen und entscheidet dann die Note zwischen „Sehr gut“ und „Genügend“. Das ist ein diskussionswürdiger Ansatz, finde ich.

Auch bei der Mathematik-Zentralmatura war es notwendig, dass man hier endlich einmal einen Schritt in die richtige Richtung getan hat und jetzt vermehrt prinzipielles Verständnis statt auswendig gelerntem Herunterrechnen überprüft wird.

Ich weiß aus meiner eigenen Erfahrung, dass bis jetzt für einen nicht unerheblichen Teil der Schüler bei der Mathematik-Reifeprüfung der Satz gegolten hat: „Denn sie wissen nicht, was sie tun“. Und das eigentlich quer durch alle Oberstufentypen.

Von einem meiner Söhne weiß ich, dass er bei seiner Mathematik-Matura an einer AHS das Volumen eines Rotationsellipsoids mittels Integralrechnung berechnet hat. Er wusste dabei zwar nicht, was er da eigentlich machte, hatte aber vorher brav geübt und den Lösungsweg auswendig gelernt. Interessant war aber für mich vor allem die Tatsache, dass er auch nach der Matura noch nicht in der Lage war, einfache Bruchrechnungen zu lösen oder die Mehrwertsteuer aus einem Bruttobetrag herauszurechnen. Aber seine Begabungen liegen glücklicherweise in anderen Bereichen...

Bei der bisherigen Reifeprüfung war es viel zu oft möglich, dass durch auswendig gelernte Lösungswege eine positive Note erreicht wurde, ohne dass die zugehörige Mathematik wirklich verstanden wurde. Das kann wohl nicht das Bildungsziel sein.

Meiner Meinung nach war der Mathematikunterricht der letzten Jahrzehnte in allen Oberstufen sowieso zu abgehoben, zu wenig anwendungsorientiert und zu wenig auf das grundlegende Verständnis fokussiert. Viel zu viele Mathematiklehrer haben die Mathematik dort als Selbstzweck betrieben und nicht als das, was sie eigentlich für alle Absolventen sein sollte: ein Hilfsmittel, um sich später in anderen Wissensgebieten etwas ausrechnen zu können.

Dass sich AHS-Schüler, die später zum Großteil Webdesign, Medizin, Jus, Politikwissenschaften oder ein Lehramt studieren, unbedingt mit Differentialgleichungen höherer Ordnung oder Grenzwertfunktionen herumschlagen müssen, habe ich sowieso nie verstanden.

Derzeit ist die Mathematik in unseren Oberstufen für die wenigen, die sie wirklich verstehen, eine herrlich logische, eindeutige und unvergleichliche Disziplin. Für den Großteil unserer Schüler ist sie aber nach wie vor lediglich ein unverständlicher und schweißtreibender Angstgegenstand, mit dem man nach der Matura möglichst nie mehr etwas zu tun haben möchte. Das müsste eigentlich nicht so sein.

Auf alle Fälle hätte man jetzt auch die Chance gehabt, neben der Matura auch den Mathematikunterricht selbst und dessen Ziele ordentlich zu reformieren. Aber so richtig getraut hat man sich auch diesmal nicht.

Dass bei der Matura künftig auch Teilprüfungen vorgezogen werden können, ist sicher eine Erleichterung für alle Beteiligten. Vor allem die nervenschwachen Kandidaten werden davon profitieren. Die punktuelle „Momentaufnahme" des Könnens und Wissens in einem Gegenstand ist aber leider erhalten geblieben.

Sinnvoller war nach Meinung vieler Pädagogen die „alte" Bewertung der Leistung bei der Reifeprüfung, bei der auch die bisherigen Leistungen des letzten Schuljahres in die Benotung mit einbezogen wurden.

Das wurde ja in Österreich im Gegensatz zu vielen anderen europäischen Ländern leider wieder abgeschafft. Im „Pisa-Vorzeigeland" Finnland und in Italien werden dagegen sogar die letzten drei Jahre für das Abschlusszeugnis mit bewertet – übrigens inklusive der Verhaltensnoten! Das traut sich wohl mehr kein Politiker in Österreich zu fordern …

Irgendwann nach der ersten Zentralmatura wird unter dem Druck der Medien sicher wieder ein Ranking der beteiligten Schulen veröffentlicht werden. Ich traue mich aber jetzt schon zu wetten, dass die Ergebnisse wieder völlig falsch interpretiert werden.

Aufgrund eines einzigen geprüften Jahrganges eine Einteilung in „gute" und „schlechte" Schulen vorzunehmen wäre absolut nicht gerechtfertigt. Jeder Lehrer weiß, wie unterschiedlich das „Schülermaterial" in verschiedenen Jahrgängen sein kann. Und jeder

Direktor weiß, dass er an seiner Schule halt auch unterschiedliches „Lehrermaterial" hat.

Wenn also schon nach dem ersten Durchgang eine Schule von den Medien das Etikett „schlecht" verpasst bekommt, ist das eigentlich sehr unfair. Man müsste wohl die Entwicklung und die Randbedingungen über mehrere Jahre beobachten, um aus den Ergebnissen der Zentralmatura generelle Aussagen über die Qualität einer Schule treffen zu können. Aber so schwer werden es sich die Medien kaum machen...

Das Modell der „modularen Oberstufe" und die strenge semesterweise Gliederung des Lehrstoffes nach dem Muster der Unis und Fachhochschulen sehe ich mit sehr gemischten Gefühlen.

Einerseits haben die Schüler dabei die Möglichkeit, sich die Lehrinhalte („Module") semesterweise nach Interesse auszusuchen, was den unterschiedlichen Begabungen natürlich entgegen kommt. Gewisse Grundmodule wie Mathematik, Deutsch oder Englisch sind aber weiterhin Pflicht. Wird die Prüfung über ein Modul (nach maximal 2 Wiederholungen) noch immer negativ bewertet, kann man auch mit zwei negativen Modulen aufsteigen und kann sogar (theoretisch) parallel zum Unterricht im nächsten Semester oder Jahr, das Modul noch einmal besuchen. Theoretisch deswegen, weil das erstens stundenplantechnisch möglich sein muss und zweitens der entsprechende Kurs im Folgejahr überhaupt zustande kommen muss (bei den Wahlmodulen gibt es ja eine Mindest-Teilnehmerzahl).

Das zeigt schon, dass dieses System die Schulen schon rein organisatorisch vor gewaltige Probleme stellen wird, weil man die Stundenpläne ja jetzt auf viele einzelne Schüler abstimmen muss. Bei einer Schule mit 1000 oder mehr Schülern bringt das daher gewaltige organisatorische und räumliche Probleme und sicher auch einige „unschöne" Stundenpläne - vor allem für diejenigen Schüler, die ein Modul wiederholen müssen. Da sind Proteste von Eltern und Schülern schon vorprogrammiert.

Aber es ist ganz typisch für die Reformen der letzten Jahre, dass die Detailprobleme letztendlich immer von den Schulen selbst gelöst werden müssen.

Muss tatsächlich bei vier oder mehr negativen Modulen ein Schuljahr wiederholt werden, bleiben die bereits positiv abgelegten Module erhalten, was ja eigentlich sinnvoll ist.

Das geht natürlich Hand in Hand mit der Absicht, dass bei teilweisen Misserfolgen nicht unbedingt mehr ein ganzes Schuljahr wiederholt werden muss. Diese Regelung haben erstaunlich viele Pädagogen auch begrüßt – auch ich war darunter.

Einige Pädagogen haben zwar befürchtet, dass es durch das „Nichtwiederholen" gesamter Schuljahre zu nicht behebbaren Defiziten in der weiteren Schullaufbahn kommen wird, diese Ansicht habe ich aber nie geteilt. Ganz im Gegenteil.

Ich habe es – genauso wie viele Eltern - nie verstanden, dass oft schon wegen einer einzigen negativen Benotung ein ganzes Schuljahr wiederholt werden musste. Und ich habe es auch oft für entwürdigend gehalten, wenn in den Schlusskonferenzen der höheren Schulen darum gefeilscht wurde, wer mit einem „Nicht genügend" aufsteigen durfte, und wer nicht. Diese Abstimmungen um die berüchtigte „Klausel" waren oft genug zutiefst ungerecht - auch wenn das Ministerium in den letzten Jahren versucht hat, das ganze Prozedere durch einen erheblichen bürokratischen Aufwand zu objektivieren.

Letztendlich haben doch immer persönliche und subjektive Einflüsse die Entscheidung beeinflusst. So gut dieses System auch gemeint war, viel zu oft waren die Ergebnisse dabei ungerecht. Und Ungerechtigkeit wird den Pädagogen von ihren Schützlingen NIE verziehen.

Leider ist diese unwürdige Prozedur noch immer nicht ersatzlos gestrichen worden. Bei drei „Nicht genügend" wird die Klassenkonferenz auch in Zukunft über ein Aufsteigen durch Abstimmung entscheiden können.

Die modulare Oberstufe ist jetzt wesentlich komplizierter als das alte Modell und verlangt vor allem, dass Schüler sich selbst darum kümmern müssen, dass sie eventuelle negative Modulnoten bis zum Maturaantritt auch ausgebessert haben. Es hat sich bereits in den ersten Schulversuchen mit diesem System gezeigt, dass viele schwache Schüler trotz Begleitung durch einen „Coach" dazu nicht in der Lage sind. Ähnlich wie bei einem Universitätsstudium wird jetzt plötzlich um Einiges mehr an Eigeninitiative und Flexibilität gefordert.

Einige Fünfzehn- bis Achtzehnjährige sind damit aber überfordert und scheitern dann letztendlich knapp vor der Matura, weil sie die notwendigen Prüfungen einfach vor sich herschieben. So richtig durchdacht erscheint mir daher auch die modulare Oberstufe noch nicht. Vor allem ist sie eigentlich viel zu kompliziert.

Damit erhöht sich auch der organisatorische Verwaltungsaufwand für jeden Schüler ganz erheblich - natürlich ohne dass den Schulen dafür auch zusätzliche Mittel zur Verfügung gestellt werden. Aber das dürfte außerhalb der Schule wohl niemand interessieren...

Ein Charakteristikum der neuen Bildungsstandards in der Sekundarstufe II ist auch die Zusammenfassung mehrerer Unterrichtsgegenstände zu einem einzigen Monstergegenstand, einem so genannten „Cluster" oder „Flächengegenstand" mit einer gemeinsamen Note.

Wieso man unbedingt z.B. drei Gegenstände wie Physik, Chemie und Biologie zu einem einzigen Cluster mit dem Titel „Naturwissenschaftliche Grundlagen" zusammenfassen muss, entzieht sich aber meinem Verständnis.

Wenn der Schüler dann im Lernfeld Physik mit „Gut", in Chemie mit „Befriedigend" und in Biologie mit „Genügend" beurteilt wurde, was sagt denn in so einem Fall die Gesamtnote „Befriedigend" eigentlich aus?

Ich habe es an meiner Schule noch erlebt, dass da am Ende des Semesters vier Lehrer aus unterschiedlichen Fachbereichen sich auf eine einzige Note bei einem solchen Flächengegenstand zusammenraufen mussten. Das ist wohl das absolute Gegenteil einer transparenten Leistungsbeurteilung.

Das Ganze hat natürlich mit fächerübergreifendem Unterricht nichts zu tun, obwohl das auch vom Ministerium als Grund für diese Einführung genannt wurde. Es gibt ja derzeit fast einen Trend, die Einteilung der Lehrinhalte in einzelne Gegenstände zu verteufeln – angesagt sind dagegen Schlagworte wie „fächerübergreifend" „kompetenzorientiert" und so weiter.

Das eine hat aber mit dem anderen gar nichts zu tun. Man kann auch in einem Gegenstand wie Geschichte fächerübergreifend unterrichten und Kompetenzen wie etwa „kritisches und vernetztes Denken" fördern. Aber es gibt eben auch in der Bildung Modeworte und Modeströmungen – man denke nur einmal an den Wildwuchs der „Projekte". Das wird jeder erkennen, der das System schon lange genug kennt und analysiert.

Die strenge semesterweise und an manchen Schulen sogar wochenweise Gliederung des Stoffes wird in Zukunft auch die Lehrfreiheit erheblich einschränken. Von vielen Direktoren wird das zwar begrüßt, weil sie erwarten, dass dadurch in Parallelklassen tatsächlich wochenweise der gleiche Stoff unterrichtet wird.

Erfahrene Pädagogen sehen aber auch einige gravierende Probleme in diesem starren Korsett.

Ich selbst habe bei schwachen Klassen bewusst in den ersten Wochen des neuen Schuljahres nicht sofort mit dem neuen Stoff begonnen, sondern habe wichtige Grundlagen wiederholt oder auch offensichtlich fehlende nachgeholt. Genauso habe ich bei schwächeren Klassen eben einige weniger wichtige Lehrinhalte weggelassen und mich dafür mehr auf das Grundlegende konzentriert. Streng genommen war das schon damals ein Dienstvergehen. Viele meine Schüler – vor allem die schwächeren - waren mir aber dankbar dafür.

So etwas wird sich in Zukunft kaum mehr ein Lehrer trauen. Schon in der Vergangenheit haben das viele Lehrer nicht gewagt - aus Angst, bei einer Berufung gegen eine negative Note könnte das aufgedeckt und gegen sie verwendet werden.

Die Juristen des Landesschulrates kennen in so einem Fall keine Gnade. Unterrichtet werden muss nach den Buchstaben des Gesetzes ja genau das, was im Lehrplan steht, selbst wenn es auch nur einmal kurz aufgezählt und im Klassenbuch vermerkt wurde.

Ich habe es immer wieder erlebt, dass wegen kleinster Abweichungen vom Lehrplan negative Noten nach einer Berufung durch Juristen des Landesschulrates einfach aufgehoben wurden. Es lebe der Formaljurismus.

Ein mir bekannter Lehrer, dem so etwas bei einer Berufung passiert ist, hat danach einfach keine negativen Noten mehr gegeben und ist damit in den Augen der Schulaufsicht wohl endlich zu einem „guten" Lehrer geworden...

Wenn schon immer wieder PISA-Spitzenreiter Finnland mit uns verglichen wird, dann wäre es beim Thema Lehrplan vielleicht auch angebracht: in Finnland gibt es fast ausschließlich kleine und kleinste

Schulen, die unglaublich autonom agieren dürfen – auch in der eigenen Lehrplangestaltung.

Dass sich eine vorgesetzte Dienststelle in einen detaillierten Semesterlehrplan einmischt, wäre dort absolut undenkbar.

Eigentlich ist es sinnlos, ständig die „Individualisierung" bei einzelnen Schülern zu fordern, wenn ein Pädagoge nicht einmal mehr auf die durchschnittliche Leistung einer ganzen Schülergruppe reagieren darf.

Die Lehrfreiheit ist de facto nur mehr ein Schlagwort. Kontrolle des Lehrers bis zur letzten Unterrichtsminute – ist es wirklich das, was sich alle Vorgesetzten wünschen? Ob da viel Motivation und Freude an der Arbeit eines Lehrers übrig bleiben wird?

Man fordert immer wieder mehr Schulautonomie – aber für den Unterricht selbst scheint das in Zukunft immer weniger zu gelten.

Man will ja für die Zentralmatura jetzt sogar eine Literaturliste vorgeben, in der festgelegt wird, welche Schriftsteller denn für unsere Jugendlichen „wichtig" zu sein haben…

Dazu kommt ein extrem kompliziertes Punktesystem zur Bewertung der schriftlichen Arbeiten, das wohl absolute Objektivität vortäuschen soll. Die Kontrollfreaks und die Juristen haben sich da wieder einmal durchgesetzt.

Das generelle Misstrauen der Öffentlichkeit und sogar des eigenen Ministeriums gegenüber der Urteilsfähigkeit unserer Lehrerschaft findet hier wieder einmal seinen Niederschlag.

Und dass ein österreichischer Schüler gar nicht mehr schriftlich und mündlich in unserer Verkehrssprache Deutsch maturieren muss, halte ich für einen ausgesprochenen Mangel, der aber auch schon bei der „alten" Matura bestand. In den meisten anderen europäischen Ländern wäre so etwas völlig undenkbar.

Die vom Ministerium in den letzten Jahren so groß beworbenen „Bildungsstandards" der neuen Lehrpläne sollen sicherstellen, dass unsere Schülerinnen und Schüler jedes Semester mit gewissen Mindestfähigkeiten und -kenntnissen abschließen. Man spricht in diesem Zusammenhang heute ja gerne von „Kompetenzen“, obwohl die Meinungen, was Kompetenz eigentlich ist, auch unter Fachleuten durchaus unterschiedlich sind.

Das ist in Konrad Paul Liessmanns Buch „*Geisterstunde*“ recht treffend beschrieben.

Der Ansatz mit den „Bildungsstandards“ ist natürlich gut gemeint, aber erstens einmal keineswegs so neu, wie das Ministerium behauptet. Sehr alte Pädagogen erinnern sich noch gut an die „Lehrzielbänke“, die vor etwa 40 Jahren gerade up to date waren. Das war schon einmal ein Anlauf in dieselbe Richtung.

Trotzdem wurde auf der Internetseite des BIFIE von einem „Paradigmenwechsel zu mehr Nachhaltigkeit und Ergebnisorientierung“ gesprochen. Das hieße ja, dass bis jetzt nicht ergebnisorientiert und nachhaltig unterrichtet wurde. Holla!

Und es soll in Zukunft natürlich das evaluiert werden, was das Ergebnis des Unterrichtes ist. Also „Output“ statt „Input“. No na net!!!

Was glaubt denn das Ministerium, was gute Lehrer schon jahrelang praktizieren? Selbstverständlich haben gute Pädagogen schon immer „outputorientiert" unterrichtet.

Und die schlechten werden das auch mit den neuen Bildungsstandards nicht können.

Als Orientierungshilfe - vor allem auch für Junglehrer - sind diese Bildungsstandards vielleicht ganz gut geeignet. Sie sollten auch in Zukunft eher einheitliche und vergleichbare Beurteilungen ermöglichen.

Eine Wunderwaffe für garantiert bessere Bildung sind sie aber sicher nicht. Vor allem werden sie eines auch nicht können, was auf der BIFIE Seite aber vollmundig versprochen wird: in Zukunft für alle Absolventen Mindestfähigkeiten und -kenntnisse zu garantieren.

Dazu müsste schon das ganze System grundlegend reformiert werden. Entscheidend für den „Output" werden auch in Zukunft nicht die Bildungsstandards sein, sondern der „Input" d.h. die Eignung und die Vorkenntnisse der Einsteiger in diesen Schultyp und die Fähigkeiten jedes einzelnen Lehrers.

Und eine Nachhaltigkeit von Bildung wird vor allem dadurch erzielt, dass wichtige Grundlagen in einem Gegenstand mehrfach wiederholt und eingefordert werden. Gute Lehrer haben das auch immer so gemacht.

In den neuen semesterweise gegliederten Lehrplänen der Oberstufen wird jetzt zwar wochenweise der Stoff bis ins kleinste Detail vorgegeben, ich habe aber bis jetzt nirgends etwas gefunden, was diese wichtigen Wiederholungen gezielt und regelmäßig einfordern würde. So gesehen ist das eigentlich ein pädagogischer Rückschritt.

Es gibt aber auch die Forderung nach einem komplett anderen Ansatz. Viele „Bildungsexperten" meinen ja, ein optimaler Ablauf beim Wissenserwerb müsste heute so aussehen: ein Wissensgebiet selbst nach Interesse wählen und das dann in Projektform „spielerisch" entdecken und bearbeiten. Und das war's dann? Könnte das wirklich so funktionieren?

Keine Vertiefungen, keine Wiederholungen wichtiger Grundlagen? Kein durchgehender und aufbauender roter Faden, dort wo er notwendig ist?

Das mag ja zum Einstieg in ein Wissensgebiet und zum Wecken der Begeisterung in der Volksschule noch funktionieren. Zum Erwerb von echter Bildung oder – im Zeitgeist ausgedrückt – von grundlegenden Kompetenzen sind solche Methoden alleine aber sicher nicht ausreichend. Der Trend zum „Edutainment" treibt heute schon recht seltsame Blüten…

Und noch etwas zur oft verlangten „Begabtenförderung". Als Pädagoge kennt man das ja – man freut sich über intelligente Zwischenfragen und würde sich liebend gerne mit den Besten in der Klasse beschäftigen – falls das in der betreffenden Klassenumgebung irgendwie möglich ist.

Aber die wirkliche Kernaufgabe des Lehrers wird es auch weiterhin sein, dem Großteil der Schüler die Erreichung der Mindeststandards zu ermöglichen – Individualisierung hin oder her. Und das ist weitaus mühseliger und unbefriedigender als die Begabtenförderung. Die Individualisierung kann bei bis zu 36 Schülern und einem Lehrer in der Klasse ja sowieso nur graue Theorie bleiben, da brauchen wir uns gar nichts vorzumachen. Ja – sie haben richtig gelesen: es gibt noch genug Klassen mit über 30 Schülern in Österreich. Fragen sie nur einmal an einer BHS nach…

Und noch etwas zum vielgeschmähten Frontalunterricht. Kürzlich hat wieder einmal eine frischgebackene Frau Doktor der Erziehungswissenschaften, die sicher auch noch nie in einer Schulklasse unterrichtet hat, eine verbale Breitseite gegen die Lehrer abgefeuert.

Wie hoffnungslos veraltet doch deren Frontalunterricht, vielleicht noch dazu mit handgemalten Overheadfolien sei…

Solange solche Menschen in den Medien unwidersprochen als „Bildungsexperten" zu Wort kommen, wird es keine objektive Information der Öffentlichkeit geben.

Man sollte diese „Expertin" einmal z.B. eine Mathematikstunde an einer BMS (berufsbildende mittlere Schule, Fachschule) halten lassen. Etwa 30 Schüler in der Klasse, die Mehrheit voll in der Pubertät, teilweise Migrationshintergrund und schlechte Deutschkenntnisse, 10 Repetenten, einige disziplinär problematische darunter. Natürlich als Lehrerin allein in der Klasse. Der Stoff: einfache Gleichungen umformen. Wie das komplett ohne Frontalunterricht gehen soll, müsste mir diese Expertin einmal vorzeigen.

An jeder UNI oder FH ist der Frontalunterricht noch immer eine akzeptierte und häufig verwendete Methode, um Wissen möglichst kompakt und in kurzer Zeit an eine große Anzahl von Studenten gleichzeitig weiterzugeben. Wieso soll das in einer Oberstufe nicht gelten?

Natürlich ist Gruppenarbeit und Teamcoaching auch vielen Pädagogen lieber und sicher auch bei vielen Lernfeldern effizienter. Auch bei unseren Jüngsten funktioniert das bekanntlich weit besser als der Frontalunterricht.

Die meisten Lehrer sind ja nicht blöd und wissen das sehr wohl. Aber wenn die Randbedingungen dazu nicht gegeben sind, dann geht das halt nicht.

Das sollten solche „Bildungsexperten" bitte auch einmal begreifen.

Und noch etwas zur geschmähten Overheadfolie. Wenn ich an meine eigenen Erfahrungen als Vorsitzender bei vielen Reifeprüfungen zurückdenke und an die immer gleichen Bildchen aus Wikipedia in den zum Verwechseln ähnlichen Powerpoint-Präsentationen, dann hätte ich mir zur Abwechslung auch gerne einmal eine individuelle, saubere handgezeichnete Skizze auf einer Overheadfolie gewünscht.

Man kennt das ja auch als Erwachsener von seinen Besprechungen und Meetings.

Das Präsentieren eines Ergebnisses auf einem iPad ist derzeit zwar ungemein „hip" – aber der INHALT sollte wohl nach wie vor das Entscheidende bei der Wissensvermittlung bleiben!

Ob Overheadfolie, elektronische Tafel oder Tablet-PC – darauf kommt es wirklich nicht an, liebe Expertin!

Ein guter Lehrer sollte alle notwendigen Formen der Wissensvermittlung beherrschen, diese gezielt einsetzen und bei Bedarf wechseln. So wie auch ein Handwerker sich immer das passende Werkzeug hernimmt.

Aber man sollte als Laie einem Handwerker auch nicht vorschreiben, welches Werkzeug er wann verwenden muss…

Beim Projekt „Neue Mittelschule" ist nun letztendlich auch etwas ganz anderes herausgekommen, als ursprünglich von Frau Ministerin Schmied und ihrer Partei beabsichtigt war. Eine echte „Gesamtschule" ist es auf alle Fälle nicht geworden – eher ein typisch österreichischer Etikettenschwindel.

Es wurden im Wesentlichen die Hauptschulen umgetauft und etwas modifiziert. Dass es statt dreier Leistungsgruppen in den Hauptgegenständen jetzt für insgesamt sechs Stunden in der Woche eine zweite Lehrkraft gleichzeitig in der Klasse gibt, kann man beim besten Willen nicht als Verbesserung einstufen. Auch dass jeder dieser Zweitlehrer in einer NMS-Klasse ein geprüfter AHS-Lehrer ist, trifft oft gar nicht zu. Das ist meiner Meinung nach aber auch gar nicht wesentlich.

Als wesentlicher Grund für den Versuch der Einführung einer Gesamtschule für die 10 bis 15-jährigen wurde immer wieder genannt, dass man damit den 10-jährigen eine Vorselektion bzw. eine frühe Entscheidung erspart. Dieses Argument halte ich für völlig irrelevant.

Schaut man sich den ländlichen Bereich an, ist sofort klar, was die Entscheidung für eine NMS oder AHS - Unterstufe am meisten beeinflusst: nämlich die räumliche Entfernung zur nächsten derartigen Schule! In zweiter Linie spielt eine Rolle, in welche Schule die Freunde wechseln.

Ich denke aber, dass durch diese Entscheidung die meisten Zehnjährigen keinesfalls so schwer belastet werden, wie das manche „Experten" behaupten. Ich habe auch schon erwähnt, dass gute NMS bzw. Hauptschulen – vor allem im ländlichen Raum - immer schon genug Abgänger produziert haben, die leistungsmäßig mit vielen aus der AHS locker mithalten konnten. Die meisten Eltern wissen das auch und haben deshalb gar kein so großes Problem mit der Entscheidung für eine NMS.

Natürlich erfolgt durch die Wahl zwischen NMS und AHS-Unterstufe im städtischen Bereich auch eine gewisse Vorselektion. Aber das passiert ja in den meisten Fällen nicht grundlos und hat sehr oft mit dem Leistungsvermögen der betreffenden Zehnjährigen zu tun.

Ich kenne andererseits genug städtische Familien mit Migrationshintergrund, die (glücklicherweise) heutzutage keinerlei Bedenken mehr dabei hatten, ihr Kind in einer AHS anzumelden...

Außerdem ist keine der bestehenden Unterstufentypen wirklich eine Sackgasse, obwohl das in vielen Medien immer wieder so (nämlich falsch) transportiert wird. Schülerinnen und Schüler aus NMS und Hauptschulen haben bis jetzt jährlich in großer Zahl in eine BHS- oder (zugegeben seltener) in eine AHS-Oberstufe gewechselt und dort die Matura abgelegt.

Und noch etwas: in den letzten Jahren haben in Österreich rund 48% der Personen mit akademischem Abschluss als „Sekundarstufe I" eine Hauptschule und keine AHS-Unterstufe besucht! Von einer „Sackgasse" durch die frühe Entscheidung für eine bestimmte Unterstufenform zu sprechen, ist daher eindeutig falsch!

Liebe „Experten" und Journalisten, informiert euch bitte!

Prinzipiell wäre eine echte „Gesamtschule" für mich unter anderen Umständen schon vorstellbar – aber sicher nicht mit dem bestehenden Modell der NMS. Das war leider hinausgeworfenes Geld.

Dazu hätte man wahrlich keine Studie zur NMS gebraucht, wie sie Anfang 2015 veröffentlicht wurde. Das Ergebnis war allen Systeminsidern sowieso schon von vornherein klar. Bezeichnend war auch, dass nach der Veröffentlichung der Studie die Verantwortung für das miese Ergebnis natürlich bei den Schulen und den Lehrern der NMS landete: viele von ihnen hätten halt diese hervorragende Idee noch nicht richtig umgesetzt! Auch dass die AHS-Unterstufe noch weiter parallel dazu besteht, wurde als Grund für das schlechte Abschneiden angegeben! Dass da im Konzept schon einiges falsch gelaufen ist, wurde aber von der Bildungsministerin wieder einmal heftig bestritten.

Viele Pädagogen und Eltern haben beim Begriff „Gesamtschule" Angst, die individuelle Leistungsförderung für ihre Kinder wäre nicht gegeben und das Durchschnittsniveau würde sinken.

Da kontern natürlich sofort einige unserer „Experten", die steif und fest behaupten, durch die soziale Durchmischung und ein möglichst heterogenes „Schülermaterial" würde das Niveau auf alle Fälle gehoben – und zwar für alle Schüler dieser Klasse. Wie naiv muss man eigentlich sein, um so etwas selbst zu glauben?

Natürlich ist diese Angst der Eltern auch bei der derzeitigen „Neuen Mittelschule" völlig berechtigt. Auch mit einer zeitweise anwesenden zweiten Lehrkraft in einer Klasse ist bei 25 sehr unterschiedlichen Schülern eine echte individuelle Förderung einfach nicht möglich. Schon gar nicht, wenn sich alle Schüler gleichzeitig im selben Raum befinden und der Zweitlehrer nur für 6 Stunden in der Woche und in einigen Fächern anwesend ist. Das gilt prinzipiell natürlich auch für jede AHS-Unterstufe.

De facto hat man jetzt in der NMS einfach nur einige kosmetische Änderung und bei der verlangten „Individualisierung" tatsächlich eher eine Verschlechterung. Trotzdem wird die „Neue Mittelschule" weiterhin als Erfolgsmodell verkauft – weil das der politische Wille ist und das von den Medien und linientreuen Direktorinnen und Direktoren jahrelang brav so transportiert wurde.

Es ist ja auch naiv, zu glauben, dass mit der Übernahme des Lehrplanes der AHS-Unterstufe in den der NMS auch die Bildungsergebnisse der beiden Schultypen nun entsprechend nivelliert werden. Man vergisst immer wieder, dass auch in der Bildung das „Ausgangsmaterial" und die „Formung des Materials" durch die Pädagogen eine wesentlich wichtigere Rolle spielen als jeder Lehrplan – um wieder einmal bei der handwerklichen Analogie zu bleiben.

Eine brauchbare „echte" Gesamtschule würde folgende strukturellen Maßnahmen voraussetzen:

- Das „über Bord werfen" alter Vorurteile (Konkurrenz AHS - NMS, parteipolitische und ideologische Differenzen, usw.) und die Schaffung eines wirklich geeigneten Modells.
- Die Möglichkeit zur echten Individualbetreuung durch mehr Lehrer und geringere Klas-

senschülerzahlen bzw. niedrigere Teilungszahlen.

- Verpflichtend sicherstellen, dass alle Schuleinsteiger ausreichende Deutsch- Rechen- und Lesekompetenzen aufweisen, d.h. grundlegende Reform des Kindergarten- und Volksschulsystems.
- Unterstützung der Lehrer bei sozialpflegerischen Tätigkeiten durch geeignetes Fachpersonal und Reduktion der überbordenden und oft unnötigen Bürokratie an den Schulen.
- Echte Schulautonomie! Die Schulgemeinschaftsausschüsse an den Schulen wissen wohl am allerbesten, wie ihre Schule besser funktionieren könnte!
- Bereitstellung der für eine echte Reform benötigten finanziellen Mittel.

Solange die oben genannten Voraussetzungen für eine Gesamtschule nicht erfüllt werden, ist es besser, beim zweigleisigen System (Hauptschule bzw. NMS und AHS-Unterstufe) zu bleiben, weil damit vor allem im städtischen Bereich eine zumindest gruppenweise angepasste Leistungsförderung möglich bleibt. Das ist nämlich weitaus wichtiger als alle ideologisch gesteuerten Gleichmachertendenzen.

Allerdings sollten dann die AHS-Unterstufen endlich von den AHS-Oberstufen entkoppelt werden. Die Gründe für diese Meinung werde ich in einem späteren Kapitel erläutern.

Die notwendigen finanziellen Mittel für eine brauchbare Gesamtschule sind aber in naher Zukunft leider nicht zu erwarten.

Ganz im Gegenteil: beim nächsten Sparprogramm werden die zusätzlichen Teilungen in den ersten Klassen der Sekundarstufe bei einigen Gegenständen wieder zurückgenommen. Das ist schade, denn das war das wirksamste Mittel, die „Drop-out-Rate" (d.h. die Anzahl der negativen Abschlüsse) in dieser Schulstufe zu reduzieren.

Jeder erfahrene Pädagoge weiß: der Unterrichtsertrag ist umgekehrt proportional zur Schülerzahl. Kleingruppen sind das beste Mittel, um nachhaltigen

Wissenserwerb zu fördern – natürlich auch das teuerste!

Leider geistern irgendwelche Studien herum, die angeblich beweisen sollen, dass Schulerfolg gar nicht an die Schülerhöchstzahlen gekoppelt ist. Das wird sogar vom oft zitierten Bildungsexperten Andreas Salcher so kolportiert und natürlich voller Freude vom Ministerium aufgenommen. Obwohl ich Salcher (der übrigens auch nie in einer Schulklasse unterrichtet hat) bei einigen seiner Thesen durchaus Recht geben muss – in diesem Punkt möchte ich ihm energisch widersprechen.

Jeder in der Schulpraxis Tätige wird bestätigen, dass so eine Studie einfach nicht stimmen kann oder von falschen Voraussetzungen ausgeht!

Alleine die Statistik zur gesunkenen Drop-out-Rate in den ersten Jahrgängen der BHS nach Einführung der Teilungen in den „Hauptgegenständen" beweist ja schon eindeutig das Gegenteil.

Da ich diese Studien aber im Detail nicht kenne, kann ich auch nicht sagen, ob sie tatsächlich von ungleichen Voraussetzungen ausgehen oder ob einfach wieder einmal eine Statistik falsch interpretiert wurde.

Die einfache Schlussfolgerung, Bildungserfolg hätte überhaupt nichts mit der Klassengröße zu tun, ist meiner Erfahrung nach aber falsch. Wenn das jemand vielleicht eindeutig aus der PISA-Studie herauslesen will, ist er erst recht auf dem Holzweg.

Die oft diskutierte Ganztagsbetreuung ist als freiwilliges Angebot sicher sinnvoll. Das Argument, man möchte den Eltern damit auch die Nachhilfekosten ersparen, geht aber völlig an der Realität vorbei.

Da kann man sich nur wundern, wie selbst eine Unterrichtsministerin so einen Schmarren verzapfen kann. Wie soll denn bei der Nachmittagsbetreuung eine einzelne Lehrkraft mehreren Schülern in unterschiedlichen Gegenständen und vielleicht noch aus unterschiedlichen, zusammengefassten Schulstufen wirksame Nachhilfe geben können? Eine Aufsicht bei der Durchführung der Hausaufgaben und hie und da eine kleine Hilfestellung bei 10 bis 20 Schülern kann

man wohl schwerlich als wirksame Nachhilfe bezeichnen.

Und solange Schüler mit nicht ausreichenden Voraussetzungen oder nicht vorhandener Leistungsbereitschaft jede höhere Schule besuchen dürfen, wird
man auch um eine individuelle Nachhilfe nicht herum-
kommen. So etwas den Eltern zu versprechen, ist
verantwortungslos.

Dass die Bildungsministerin beim nächsten Jah-
resbudget wieder hunderte Millionen Euro in ihrem
Ressort einsparen muss, wird ihr vom Finanzminister
so vorgegeben. Wo tatsächlich eingespart wird, kann
man sich als gelernter Österreicher leicht vorstellen.
Dort, wo es am leichtesten geht: bei den Schulen –
und damit letztendlich bei den Kindern.

Unter solchen Randbedingungen wird aber jeder
vernünftige Reformansatz im Keim erstickt. Wenn die
Politik nicht willens ist, die notwendigen Mittel auch
zur Verfügung zu stellen, wird auch die bemühteste
Ministerin in Zukunft nichts weiterbringen können.

Vor allem Wunschvorstellungen, wie sie auch immer wieder von den Sozialpartnern gefordert werden, wie etwa die „Individualisierung" oder „die Schwachen fördern, die Starken fordern" sind mit den bestehenden Strukturen und mit den derzeitigen Klassengrößen und Teilungszahlen nicht realisierbar.

Unter diesem Gesichtspunkt ist auch das neue Lehrerdienstrecht zu sehen. Es ist im wesentlichen Kern zuerst einmal nichts anderes als eine Arbeitszeiterhöhung oder eine Gehaltskürzung um 20% bis 40% (je nach Lehrverpflichtungsgruppe). Offensichtlich sollen alle Reformen in diesem Bereich durch direkte Einsparungen bei den Lehrergehältern gegenfinanziert werden.

Auch die Abschaffung des Probejahres für Neulehrer und dafür eine Ausbildung „berufsbegleitend" im ersten Unterrichtsjahr geht eigentlich zu Lasten der Junglehrer und wurde nur eingeführt, weil es letztendlich das System verbilligt.

Ich kann mir aber nicht vorstellen, dass viele der neuen Lehrer sich in der Übergangsphase freiwillig für das neue Dienstrecht entscheiden – dem um etwa 12% erhöhten Grundgehalt steht eine mindestens 50%ige zeitliche Mehrbelastung in den ersten Jahren gegenüber *(Quelle: Zeitschrift „Weg in die Wirtschaft")*. Außerdem ist bei Berücksichtigung aller Randbedingungen dabei die Lebensverdienstsumme noch geringer als beim alten Modell. Ob damit in Zukunft wirklich unsere besten jungen Leute zum Lehrerberuf motiviert werden können?

Um den (schon lange vorhersehbaren) Lehrermangel zumindest teilweise zu entschärfen, darf in Zukunft beispielsweise auch ein Geschichtelehrer in der Unterstufe zum Physikunterricht eingeteilt werden. Alles im Sinne einer propagierten Qualitätssteigerung des Unterrichtes – gell? Die nächste Veräppelung des gutgläubigen Bürgers.

Auf ein spezielles bildungspolitisches österreichisches Phänomen möchte ich auch noch hinweisen. In den letzten Jahren hatte man immer mehr das Gefühl, dass diejenigen Schulen, die am wenigsten „Nicht genügend" vergaben und die geringsten „Drop-out-

Raten" hatten, als die „besseren" Schulen dargestellt wurden. Das wurde auch von den Landesschulräten und den Schulinspektoren häufig so transportiert.

Insider wissen auch, dass es an manchen Schulen sogar inoffiziell ausgesprochene „Fünferverbote" durch den Direktor gibt, um den Ruf der Schule und vor allem auch die Schülerzahlen entsprechend hoch zu halten. Da haben manche wohl schon vor der täglichen Realität kapituliert.

Und faule Lehrer geben ja sowieso lieber ein „Genügend" als ein „Nicht genügend". Man kann sich in unserem bestehenden System auf diese Weise viel Arbeit ersparen. Keine Vorbereitung auf Wieder-holungsprüfungen, keine Berufungen mit endlosem Papierkram, keine bösen Eltern, zufriedene Schüler - eigentlich scheint es ja für alle nur positiv zu sein, wenn man ein „Genügend" herschenkt.

Man kann vor dieser Einstellung nur warnen. Wenn jemand ein Bildungsziel nicht erreicht, hilft es dem Betroffenen am allerwenigsten, wenn dieses Ergebnis gefälscht wird.

Und jeder von uns weiß eigentlich aus seiner eigenen Schulzeit, dass nicht jene unsere besten Lehrer waren, die immer die besten Noten vergeben haben.

Wenn bei der gleichen Schularbeit und beim gleichen Lehrer in Parallelklassen in einer Klasse der Notenschnitt 2,6 erzielt wird und in der anderen nur 4,7 mit mehr als der Hälfte „Nicht genügend", dann ist das schon ein überzeugendes Argument dafür, dass schlechte Noten in einer Klasse nicht unbedingt immer auf einen schlechten Lehrer zurückzuführen sind.

Gerade wird wieder darüber diskutiert, ob ein Klassenforum in Zukunft nicht „schlechte" Lehrer ablehnen darf. Wie das dann in der Praxis funktionieren soll, hat sich wohl noch niemand dieser Experten überlegt. Dass schlechte Noten in einer Klasse ja nicht unbedingt die Schuld des Lehrers sein müssen, habe ich ja schon vorhin behauptet. Aber werden das Eltern und Schüler genauso sehen? Und was macht man dann mit einem „strengen" Lehrer, der von mehreren Klassen abgelehnt wird? Darf der dann nur in Teilzeit unterrichten, obwohl er einen Arbeitsvertrag für eine Vollbeschäftigung hat und obwohl er vielleicht ein besserer Lehrer ist, als der fesche coole Kumpeltyp, für den alle Mädchen in der Klasse momentan so schwärmen?

Da würden die Arbeitsgerichte wohl bald überlastet sein.

Man sagt vielen Eltern ja nach, dass sie ihre Kinder gezielt in jene Schulen schicken würden, an denen ein Schulerfolg wahrscheinlicher wäre. Das mag tatsächlich für die Masse der Eltern zutreffen, ich kenne aber auch die umgekehrte Sichtweise, gerade von jenen Eltern, die ihren Kindern die allerbeste Ausbildung ermöglichen wollen und denen es nicht nur um die „Matura um jeden Preis" geht.

So genannte „Eliteschulen" *(ich weiß, die gibt es ja offiziell in Österreich gar nicht)* haben ihren Schülern immer entsprechende Leistungen abverlangt und damit eine gute Benotung nicht selbstverständlich gemacht.

Es sollte auf keinen Fall passieren, dass Lehrer, die negative Noten vergeben, plötzlich die Außensei-

242

ter oder gar die „Bösen" sind. Wir haben nun einmal eine Notenskala von Eins bis Fünf. Die ist meiner Meinung nach auch ausreichend und sollte auch in ihrer ganzen Breite ausgeschöpft werden.

Und bei allen Diskussionen über die Notengebung an und für sich sollte man eines nicht vergessen: erstaunlich viele Schüler wünschen sich selbst eine notenmäßige und vergleichbare Bewertung ihrer Leistungen! Das sollten sich auch die Grünen mit ihrer Forderung nach Abschaffung aller Schulnoten einmal in ihr Parteibücherl schreiben!

Stattdessen wird schon wieder über die komplette Abschaffung der Noten an der Volksschule diskutiert. Wieso müssen sich die Volksschullehrerinnen dann standardisierte und wohlklingende Sätze für eine verbale Beurteilung aus einer Liste heraussuchen, die durch ihre Standardisierung letztlich ja auch nicht viel mehr Informationen bieten als eine klare Schulnote? Und individuelle verbale Zusatzinformationen auf dem Zeugnis waren schon in meiner Volksschulzeit durchaus üblich – aber nicht als Ersatz für eine absolute Grenze! Die muss es wohl nach wie vor geben, wenn entschieden werden muss, ob jemand das minimale Lehrziel erreicht hat oder nicht.

Stellen sie sich nur einmal vor, als Grundlage für die Bestrafung einer Geschwindigkeitsübertretung im Straßenverkehr würde man statt eines objektiven Messwertes eine verbale Beurteilung des Polizisten heranziehen. Na da hätten die Juristen wohl ihre Freude daran (weil viel Arbeit).

Viele Kenner unseres Systems denken sowieso, dass die rein verbale Beurteilung in den ersten beiden Volksschulklassen nur die Vorstufe für eine generelle Abschaffung des Wiederholens in allen Volksschulklassen sein wird.

Wenn Kinder mit Migrationshintergrund in den ersten beiden Schuljahren nicht Deutsch bzw. nicht Lesen und Schreiben lernen, kommen sie jetzt trotzdem weiter – und scheitern dann natürlich in einer höheren Klasse oder in der Sekundarstufe. Wem soll das etwas nützen?

Während ich vom Wiederholen in einer Oberstufe nichts halte (das wurde schon an anderer Stelle ausgeführt), halte ich das bei unzureichenden Leistungen in den ersten Schuljahren der Volksschule für absolut notwendig! Derzeit ist es aber gerade umgekehrt!

Es ist sinnlos, Kinder in die dritte Volksschulklasse aufsteigen zu lassen, wenn sie nicht ausreichend Lesen, Schreiben und Rechnen können. Man tut ihnen in Wahrheit nichts Gutes damit. Aber statt die Beurteilung den Lehrern zu überlassen, dürfen diese die Eltern lediglich beraten und eine freiwillige Wiederholung eines Schuljahres „empfehlen".

Wie die Praxis dazu tatsächlich ausschaut, kann ja in den Volksschulen nachgefragt werden. Aber bitte direkt dort und auf der untersten Ebene – und nicht beim Landesschulrat …

Einige Psychologen argumentieren ja damit, dass einem Kind beim Wiederholen einer Schulstufe schwerer seelischer Schaden zugefügt wird.

Mein älterer Sohn musste mitten im Schuljahr aus einer zweiten Volksschulklasse in Wien in eine burgenländische Volksschule wechseln, weil wir umzogen. Er hatte damit nicht die geringsten Probleme und nicht einmal eine schlaflose Nacht – vielleicht auch deswegen, weil es dafür von uns eine entsprechende Vorbereitung und Begleitung gab.

Prinzipiell alle Probleme von unseren Kindern konsequent fern zu halten ist sowieso der falsche Weg und eigentlich verantwortungslos von den Eltern. Auch Sechsjährige sollten schon lernen, mit unangenehmen Situationen umzugehen.

Auf Empfehlung der Psychologen darf ja auch kein Krampus mehr in den Kindergarten kommen. Dass sich die Kids dann mit sechs Jahren auf ihren iPads bluttriefende Gewaltvideos und mit zehn die ersten Hardcore-Pornos anschauen, das wird von unserer Gesellschaft aber schon hingenommen…

Dass Lehrerinnen und Lehrer an unseren Pflichtschulen oft extrem von Eltern unter Druck gesetzt werden, wenn es um die weitere schulische Laufbahn ihres Kindes geht, ist auch ein bekanntes österreichisches Phänomen. Oft bekommen die betroffenen Lehrpersonen dann nicht einmal Unterstützung von ihren Vorgesetzten, selbst wenn ihre Notengebung objektiv und gerechtfertigt war. Das ist nicht fair.

Die vorgesetzte Schulbehörde hat auch die Aufgabe, richtige Entscheidungen ihrer Untergebenen nach außen hin zu vertreten, und nicht aus Angst vor den Eltern oder vor der Presse jedes Mal nachzugeben.

Damit ich nicht falsch verstanden werde: dass bei Beschwerden von Eltern die Notengebung durch die Vorgesetzten überprüft werden muss, ist selbstverständlich und steht außer Frage. Und wenn eine negative Note wirklich nicht gerechtfertigt war, muss sie natürlich korrigiert werden – aber nur dann!

Aus sicherer Quelle ist mir bekannt, dass ein Kind von Asylwerbern, das kein Wort Deutsch verstand, einer dritten (!) Klasse einer Volksschule in der Steiermark zugewiesen wurde.

Und vor einiger Zeit wurde in den Medien von einer Volksschulklasse in Kärnten berichtet, in der eine einzige Lehrerin Asylantenkinder mit 8 (!) verschiedenen Muttersprachen und kaum vorhandenen

Deutschkenntnissen zusammen mit den österreichischen Kindern unterrichten musste.

Sollten alle diese Kinder wirklich ordentlich Lesen, Schreiben und Rechnen lernen, wäre das wohl ein Wunder.

Der zuständige Landesschulrat zeigte sich nach dem Bericht im ORF „überrascht“ und versprach Abhilfe. Natürlich nur in diesem Einzelfall.

Insider wissen aber ganz genau, dass das keineswegs ein Einzelfall ist.

Dass solche Möglichkeiten im Parlament überhaupt rechtlich abgesegnet wurden, zeigt schon, wie stark unsere Bildungspolitik bereits von realitätsfernen Gutmenschen bestimmt wird.

Die Abschaffung der Verhaltensnoten in allen Abschlussklassen der Sekundarstufe war ja auch so eine gesetzgeberische Meisterleistung. Diejenige Note, die einen Lehrherrn beim Bewerbungsgespräch immer am meisten interessierte, wurde bewusst gestrichen. Wieso eigentlich? Um einige Eltern zu beruhigen und damit Wählerstimmen zu lukrieren?

Im Grunde genommen war das eigentlich das beschämende Indiz dafür, dass die Politik der Lehrerschaft nicht zutraut, das Verhalten eines Jugendlichen richtig zu beurteilen. Aber umfassend erziehen soll sie ihn natürlich schon…

Noch einmal zurück zu unseren Volksschulklassen. Bei allem Verständnis für die Motive der Eltern – die Entscheidung, ob das Klassenziel in der Volksschule erreicht wurde oder nicht, kann nur von der Klassenlehrerin und von niemand anderem getroffen werden. Und wenn man der einzelnen Klassenlehrerin nicht genug Objektivität zutraut, dann sollen halt in einem kurzen halbstündigen Gespräch unter Anwesenheit der Direktorin oder einer Schulpsychologin die Kenntnisse des Kindes überprüft werden.

Aber die Eltern selbst darüber entscheiden zu lassen, ob ihr Kind freiwillig wiederholen soll oder nicht, ist absolut nicht zielführend – weil die Entscheidung von Eltern bei ihrem eigenen Kind naturgemäß nie objektiv sein kann.

Es gibt derzeit Vorschläge von verschiedenen Seiten, ein verpflichtendes zweites Kindergartenjahr (bzw. Vorschuljahr) einzuführen, in dem dann ausreichende Deutschkenntnisse für alle Schulanfänger sichergestellt werden sollten.

Das wäre aber offensichtlich wieder für alle Kinder vorgesehen, unabhängig von ihren tatsächlichen Deutschkenntnissen. Damit wäre diese Variante aber sicher nicht so effizient wie z.B. ein echtes zusätzliches Vorschuljahr mit Schwerpunkt Deutsch nur für Kinder mit nicht ausreichenden Deutschkenntnissen oder auch das Wiederholen einer ersten oder zweiten Volksschulklasse.

Aber das werden sich unsere Politiker wohl nicht getrauen, weil es derzeit nicht opportun ist, Kinder mit Migrationshintergrund anders zu behandeln als solche ohne. Obwohl manche von ihnen ja offensichtlich durch ihre mangelhaften Deutschkenntnissen unzureichende Voraussetzungen für den Besuch einer Volksschule mitbringen und damit nachweislich eben doch „anders" sind.

Es gibt in Europa auch ausländische Bildungsmodelle mit flexibler Grundschulzeit. Ein Kind darf dort erst dann die Grundschule verlassen, wenn es die elementaren Kenntnisse in Rechnen, Schreiben und Lesen besitzt. Das nenne ich vernünftig.

Ein ähnliches Konzept für die ersten beiden Grundschulklassen wird derzeit in Bayern an 20 Schulen im Schulversuch „Flexible Grundschule" erprobt. Das wäre auch für die österreichischen Probleme ein diskussionswürdiger Ansatz.

Noch einige Gedanken zu den österreichischen Sonderschulen.

Bis 2020 sollen alle Sonderschulen in Österreich abgeschafft werden und alle geistig oder körperlich behinderten Kinder (moderner: „Kinder mit Handicap") sollen am Regelunterricht der Volksschulen teilnehmen. Man wirft dem Ministerium ja bereits Menschenrechtsverletzungen vor, weil nicht alle Kinder mit „sonderpädagogischem Förderbedarf" (in Österreich sind das jährlich rund 30.000) in das Regelschulwesen integriert wurden.

Dabei sagt der Begriff „sonderpädagogischer Förderbedarf" ja genau aus, was diese Kinder brauchen: speziell angepasste Einrichtungen und speziell geschulte Pädagogen.

In diesem Zusammenhang wird ja gern von manchen Menschen die UN-Behindertenrechtskonvention zitiert und vor allem der Artikel 24 sehr willkürlich ausgelegt. Dort steht aber explizit gar nichts davon, dass behinderte Kinder dieselben Schulen besuchen müssen wie die nicht behinderten. Dort steht lediglich, dass auch behinderte Kinder ein Recht auf Bildung und damit auf ihre Chance im Leben haben – was ja kein vernünftiger Mensch bestreiten wird.

Bis jetzt wurde vor allem den geistig behinderten Kindern an den Sonderschulen die für ihr tägliches Leben wirklich notwendigen Dinge, wie selbstständig Bus fahren oder einkaufen gehen, beigebracht. Einige von ihnen konnten durchaus auch einfache handwerkliche Fähigkeiten in einem für sie angepassten Tempo erlernen. Und viele von ihnen haben auch zumindest elementare Kenntnisse in Rechnen, Schreiben und Lesen erwerben können.

Rein körperlich behinderte Kinder haben sowieso auch im jetzigen Regelschulwesen immer ihren Weg machen können. Ich selbst habe mit Freude einige solcher Jugendlichen bei der Matura erlebt. Ihnen stehen in Österreich sowieso schon lange die gleichen Bildungswege offen wie nicht behinderten Kindern, und das ist gut so und soll auch so bleiben.

Es spricht auch gar nichts dagegen, dass solche Kinder als „Integrationskinder" (oder moderner: „Inklusionskinder") in begrenzter Anzahl am Regelunterricht teilnehmen, so ferne eine ausreichende und durchgehende (!) individuelle Betreuung sichergestellt ist und damit keine Beeinträchtigung des Unterrichtes für die anderen Kinder erfolgt.

Die Sonderschulen aber komplett abzuschaffen ist pädagogischer und sozialer Wahnsinn!

Ein besonders gelungenes Beispiel, wie junge Menschen mit Handicap in einer für sie angepassten Umgebung und mit fachkompetenter Betreuung auf ein selbstständiges und erfülltes Leben vorbereitet

werden, kenne ich aus Bayern: das „Berufsbildungs-
werk Rummelsberg". Alle diese behinderten Jugendlichen, die dort einen passenden Beruf erlernen können, hätten wohl in einer Inklusionsklasse bei weitem
nicht dieselbe Förderung und Hinwendung bekommen, wie sie es dort erfahren. Das sollten sich jene
Journalisten und Eltern, die ständig vehement und
kompromisslos die absolute Integration bzw. Inklusion aller Kinder mit Handicap fordern, auch einmal
anschauen…

Ab 1993 durften ja Eltern schon selbstständig
entscheiden, ob ihr behindertes Kind in die Sonderschule oder in die Volksschule gehen soll. Die betroffenen Eltern besitzen aber in den seltensten Fällen
die notwendige Objektivität für eine solche Entscheidung – was ja durchaus menschlich und erklärbar ist.

Aber bei allem Verständnis für diese Eltern darf
man nicht übersehen, dass durch eine solche Entscheidung unter Umständen der Regelunterricht für
alle anderen Kinder einer Volksschulklasse beeinträchtigt werden kann.

Auch wenn das wieder von einigen Sozialpädago-
gen wegdiskutiert werden möchte: ich kenne ein
konkretes Beispiel, wo ein einziges geistig behindertes
Kind den Unterricht in einer Volksschulklasse zeitweise komplett lahm gelegt hat. Das ist leider auch
kein Einzelfall, wie mir von den unmittelbar Beteiligten überliefert wurde.

In den Medien wird aber als „Gegenbeweis", wie
gut Integration doch funktioniert, ein geistig völlig
normales Kind im Rollstuhl gezeigt, das sowieso
schon immer problemlos ins Regelschulwesen integriert werden konnte.

Nie gezeigt wurde dagegen, wie eine steirische
Volksschullehrerin mit über 20 Kindern allein in der
Klasse ein behindertes, fast fünfzig Kilo schweres
Kind mitten im Unterricht wickeln musste, weil es in
die Windeln gemacht hatte. Auch das ist die Realität
in unseren Klassenzimmern – nur werden solche
Szenen natürlich nie im Fernsehen gezeigt.

Wie bei vielen anderen kritischen Themen bestimmen leider auch hier einige Redakteure, was der
Öffentlichkeit als „Realität" präsentiert wird.

Stellen sie sich auch einmal die Situation eines Integrationskindes in der Klasse einer Polytechnischen Schule vor. In dieser Umgebung wird schon ein „normales" Kind (man verzeihe mir diesen Ausdruck) gemobbt, wenn es die „falsche" Frisur hat oder keine Markenjeans trägt. Ist das dann menschenwürdig, ein behindertes Kind in eine solche Klassenumgebung zu versetzen? Ist das wirklich der Sinn der UN-Konvention?

Selbstverständlich gibt es einige wenige Beispiele in Österreich, wo Inklusion gut funktioniert – nämlich dort, wo zufällig alle notwendigen Randbedingungen zusammenpassen. Es ist nur verantwortungslos von den Medien, das immer als Normalfall zu präsentieren und damit in der Öffentlichkeit ein völlig verzerrtes Bild des Schulalltages in Inklusionsklassen zu schaffen.

Natürlich sollte man diese Probleme in Österreich besser nicht öffentlich thematisieren, sonst wird man im besten Fall als herzlos und unmenschlich bezeichnet oder einfach einem rechtsradikalen Lager zugeordnet. Ich nehme an, dass mir das auch einige Menschen unterstellen werden. Ich werde es aber aushalten.

Schade ist nur, dass mit solchen Schubladisierungen jede sachliche Diskussion über dieses heikle Thema sofort abgewürgt wird.

Aber alle diese Gutmenschen, die behaupten, ein behindertes Kind in einer Volksschulklasse wäre auf alle Fälle eine Win-Win-Situation für alle, verschließen die Augen vor der Realität in unseren Klassenzimmern.

Ist das etwa keine Menschenrechtsverletzung, wenn der Regelunterricht für 20 Kinder durch ein einziges Kind zeitweise unmöglich gemacht wird?

In einem anderen Fernsehbericht wurde vor kurzem als positives Beispiel für Inklusion gezeigt, wie in einer gruppenweisen Leseübung zwei sechsjährige Mädchen mit einem dritten behinderten Kind einfache Leseübungen machten. Echte Erfolge dabei waren allerdings nicht einmal in diesem tendenziell gefärbten Beitrag erkennbar. Für das Sozialverhalten der Kinder mag diese Situation ja durchaus förderlich gewesen sein. Aber ob alle drei der gezeigten Kinder in dieser Klasse ihren Fähigkeiten angepasst auch Lesen gelernt haben, wage ich zu bezweifeln.

Man braucht ja nur an die Volksschulen zu gehen, und dort mit den Lehrerinnen von Integrations- bzw. Inklusionsklassen zu sprechen. Leider ist es so, dass noch immer viele von ihnen Angst davor haben, den Mund aufzumachen, weil sie die dienstlichen Konsequenzen befürchten. Damit werden aber weiterhin die „klassenfernen Bildungstheoretiker" die zukünftigen Entwicklungen im System Schule bestimmen.

In den Medien zu Wort kommen neben den klassenfernen „Experten" in der Regel ja auch nur vom Landesschulrat empfohlene linientreue und aufstiegswillige Direktorinnen und Direktoren.

Wenn man die Publikationen zum Thema Schule studiert, wird sowieso schnell auffallen, dass da meist Universitätsprofessoren für Bildungspädagogik oder Doktorinnen der Sozialpädagogik das große Wort führen und jede Menge umfangreicher Bücher darüber schreiben. Kaum eine dieser Personen hat aber selbst einmal Kinder oder Jugendliche in stark heterogenen Klassen unterrichtet. Es sieht für mich sogar so aus, als hätten viele von ihnen es nicht einmal der Mühe wert gefunden, sich vor dem Schreiben ihrer Bücher mit den Lehrerinnen oder Lehrern zu unterhalten.

Es ist großartig, was bis jetzt in den Sonderschulen für behinderte Kinder getan wurde und noch getan wird. Man tut diesen Kindern aber nicht unbedingt etwas Gutes, wenn man sie alle zwangsweise in den Regelunterricht übersiedelt.

Aber es besteht wohl der begründete Verdacht, dass auch hier wieder einmal das Geld die wichtigste Rolle spielt. Ein zeitweise anwesender zweiter Lehrer in jeder Integrationsklasse und einige zusätzliche Förderstunden sind natürlich billiger als die Finanzierung Sonderpädagogischer Zentren mit ihrer durchgehenden Intensivbetreuung und der angepassten Sonderausstattung.

Dort haben sich bis jetzt mehrere dafür speziell ausgebildete Personen um kleinere Gruppen von behinderten Kindern gekümmert. Ist das nicht humaner für diese Kinder, als sie in eine Umgebung zu setzten, die ihnen das alles nicht geben kann?

In einem Fernsehbeitrag in „Arte" wurde kürzlich gezeigt, wie in einer sogenannten „Inklusivschule" in Bozen gearbeitet wird. Dort nahmen zwei geistig behinderte Kinder am Regelunterricht teil.

Ganz nebenbei erwähnt wurde, dass in der gezeigten Klasse durchgehend (!) eine zweite sonderpädagogisch ausgebildete Lehrerin und oft sogar eine dritte Person, eine eigene Schulpsychologin, im Unterricht anwesend sind. Im Kommentar zu diesem Beitrag behauptete dann ein deutscher Universitätsprofessor als „Bildungsexperte" kühl lächelnd, dass dieses Modell doch billiger als eine Sonderschule sei.

Von den Machern der Sendung wurde dieser Unsinn ungeprüft und begeistert veröffentlicht. Wenn man in jeder Inklusionsklasse durchgehend eine Zweitlehrerin und an jeder – auch noch so kleinen Schule - eine Schulpsychologin beschäftigt, dann kann dieses Modell schon pädagogisch funktionieren – aber billiger als die sozialpädagogischen Zentren ist das ganze System dann sicher nicht mehr.

Manche unserer Politiker glauben ja gerne solchen Berichten und möchten dieses Modell auch gleich bei uns einführen. Damit das allerdings ohne finanziellen Mehraufwand geht, kann man ja bei uns die durchgehende Zweitlehrerin und die Schulpsychologin weglassen. Unsere Lehrer werden das schon machen – gell!

Die politische Vorgabe, dass alle Kinder gefälligst gleich zu sein haben, nimmt manchmal schon derartig groteske Formen an, dass man sich schon fragen muss, ob die handelnden Personen nicht doch auf einem anderen Stern leben.

Wenn NEO-Chef Matthias Strolz verlangt, „allen Kindern die Flügel zu heben“, dann ist das ein mutiger Ansatz und ein wunderschöner Vergleich, zeigt aber schon eine gewisse Naivität.

Es wird immer Kinder geben, die gar nicht Fliegen wollen oder die das aufgrund fehlender Voraussetzungen auch nie können werden – so traurig diese Wahrheit auch ist.

Man denke da nur an Kinder mit angeborenen Lernstörungen wie Dyskalkulie oder Legasthenie, an autistische bis hin zu geistig schwerst behinderten Kindern. Natürlich sollen auch sie alle eine adäquate Förderung und damit ihre Chance im Leben bekommen. Es ist nur pädagogischer Wahnsinn, das alles in einer Klasse mit bis zu 25 Kindern und im Wesentlichen einer einzigen Lehrperson erreichen zu wollen!

Noch etwas zum Schlagwort „gleiche Chancen". Der deutsche Hirnforscher Gerhard Roth schätzt aufgrund seiner neurobiologischer Studien, dass menschliche Intelligenz zu etwa 50% vererbt und bis zu 30% durch frühkindliche Förderung in den ersten drei Lebensjahren bestimmt wird. Das heißt, ein Großteil unserer Intelligenz wird uns schon durch das Erbe unserer Vorfahren in die Wiege gelegt. Und das ist eben bei dem einen ein wenig mehr und bei dem anderen etwas weniger. Schon alleine dadurch gibt es ungleiche Voraussetzungen unserer Kinder beim Eintritt in unser Schulsystem. Dieser Punkt wird aber in der öffentlichen Diskussion erstaunlicherweise immer ausgeklammert.

Was in den ersten drei Lebensjahren zur Entwicklung und Förderung der Intelligenz eines Kindes getan wird, ist sowieso in erster Linie vom Verhalten der Eltern abhängig. Es gibt ja bekanntlich Eltern, die ihr Kind schon im Alter von einem Jahr zur „Beaufsichtigung" vor den Fernseher setzen. Das sind meist auch diejenigen, die dann nach vierzehn Jahren auf das Versagen der Schule schimpfen…

Von unseren Pflichtschulen wird nun aber verlangt, dass sie alle diese ungleichen Voraussetzungen ihrer Schulanfänger – von der unterschiedlichen Intelligenz bis zum sozialen Umfeld - mit einigen zusätzlichen Förderstunden ausgleichen!

Geringere Intelligenz kann man glücklicherweise in vielen Bereichen durch Fleiß kompensieren und damit auch zu einem gebildeten Menschen heranwachsen. Viele Eltern mit mehreren Kindern wissen das aus eigener Erfahrung: das eine Kind schafft den Wissenserwerb geradezu spielerisch, das andere muss sich dafür plagen und fleißig sein. Schon unter Geschwistern gibt es also diesbezüglich beträchtliche Unterschiede. Von gleichen Voraussetzungen bei Schulanfängern zu sprechen, trifft also nicht einmal bei Geschwistern zu.

Noch eine relativierende Anmerkung zu den letzten Absätzen: Es gibt ja bekanntlich mehrere unterschiedliche Arten von Intelligenz, z.B. Sprachintelligenz, Raumintelligenz, soziale Intelligenz, usw.

In den Studien von Roth ist aber offensichtlich der sogenannte g-Faktor nach Spearman (also eigentlich ein Durchschnittswert) gemeint. Kinder mit gleichem g-Faktor weisen daher trotzdem in unterschiedlichen Bereichen auch merkliche Unterschiede in ihrer Teilintelligenz und damit glücklicherweise auch unterschiedliche Begabungen auf.

Daher macht auch eine frühzeitige „Individualisierung", d.h. eine gezielte Frühförderung vorhandener guter Anlagen durchaus Sinn. Mit den derzeitigen Strukturen und Mitteln in unseren Schulen ist das aber nicht einmal ansatzweise möglich, das wurde hier ja schon einige Male zum Ausdruck gebracht.

In diesem Kapitel soll auch noch über die Polytechnischen Schulen nachgedacht werden – einem anderen Sorgenkind in der österreichischen Schullandschaft. Unbestritten ist, dass die „Polys“, wie sie im Volksmund meist kurz genannt werden, einen schlechten Ruf besitzen. Diese Tatsache soll hier auch einmal hinterfragt werden.

Für das Klientel, das diese Schulform meist sowieso nur als „Lückenbüßer“ oder „Anhängsel“ an die acht vergangenen Schuljahre betrachtet, wird eigentlich das Richtige angeboten.

Für viele Jugendliche, die später in die Lehre gehen wollen, ist das „Poly“ eine wichtige und oft auch die einzige Möglichkeit, sich den für sie passenden Lehrberuf auszusuchen.

Durch die ersatzlose Abschaffung dieses Schultyps, so wie er jetzt gerade wieder diskutiert wird, würde genau jener Gruppe von Jugendlichen etwas fehlen, die dringend eine Orientierung und Perspektive für ihr weiteres Leben braucht.

Natürlich bedeutet es heutzutage eine gewisse Stigmatisierung für einen Jugendlichen, wenn er ein „Poly" besucht. Der schlechte Ruf dieses Schultyps wird ja in der Öffentlichkeit geradezu gepflegt. Viele nicht so leistungsfähige Jugendliche weichen deswegen – meist auf Wunsch ihrer Eltern – für ihr neuntes Schuljahr in andere Schulformen, z.B. in Berufsbildende Mittlere Schulen (BMS, z.B. Fachschulen, Handelsschulen, etc.) aus. Dort schließen sie dann ihre schulische Laufbahn häufig mit einem schrecklichen Zeugnis ab und haben damit erst recht Probleme beim Finden einer Lehrstelle.

Deswegen wäre es durchaus sinnvoll, die Lehrinhalte der Polytechnischen Schulen z.B. in einem zusätzlichen 5. Jahr der Hauptschule, NMS, Gesamtschule oder wie immer die Sekundarstufe I in Zukunft auch heißen mag, anzubieten. Hier könnten ja weiterhin die Lehrerinnen und Lehrer der polytechnischen Schulen eingesetzt werden.

Wer von den Schülern der Sekundarstufe I das 8. Schuljahr gut abschließt, sollte aber nach wie vor sofort in die Oberstufe einer AHS oder BHS wechseln können.

Eine andere für mich denkbare Variante wäre es, die Lehrinhalte der Polytechnischen Schulen in das erste Jahr einer BMS (Berufsbildende Mittlere Schule) zu integrieren, und die Lehrinhalte in den ersten Klassen aller BMS entsprechend anzupassen: weniger und nur grundlegende Theorie, dafür noch mehr praxisbezogene Inhalte zur Vorbereitung auf eine Lehre oder das Absolvieren der restlichen Klassen der BMS. Das hätte auch den Vorteil, dass für die praktische Ausbildung bereits die geeignete Infrastruktur der BMS zur Verfügung stünde (z.B. Werkstätten, Küchen, etc.). Als Nachteil bei diesem Modell wäre die geringere Dichte der BMS im ländlichen Raum zu sehen. Aber viele der österreichischen Schülerinnen und Schüler sind schon mit zehn Jahren Fahrschüler, da kann man das einem bzw. einer Vierzehnjährigen doch auch zumuten.

Ich habe in meiner schulischen Praxis viele Fälle kennengelernt, bei denen Schüler aus einer vierten Hauptschulklasse in die erste Klasse einer Fachschule eingestiegen sind, dann mangels Schulerfolges zu Weihnachten in eine Polytechnische Schule umgestiegen sind, um nach Ende des 9. Schuljahres dann mit einer Lehre zu beginnen. Solche Irrwege sollten bei einem neuen System nicht mehr notwendig sein.

Man müsste dann natürlich auch in den ersten Klassen der BMS die Möglichkeiten für eine Berufsorientierung in Form verschiedener und individuell gestaltbarer „Schnupperlehren" anbieten. Würde die Wirtschaft in Österreich enger mit den berufsbildenden Schulen kooperieren, wäre das schon lange machbar gewesen.

Mit der Anbindung dieses zusätzlichen Jahres an eine andere, bestehende Schulform könnte man sich aber endlich von der mit vielen Vorurteilen belasteten Bezeichnung „Polytechnische Schule" lösen und auch am Verwaltungsaufwand für eine eigene Schulform könnte einiges eingespart werden.

Noch einige Gedanken zum Thema Religionsunterricht. Ich muss vorausschicken, dass ich zu Religionen im Allgemeinen und zu kirchlichen Institutionen im Speziellen eine sehr kritische Einstellung habe.

Bekanntlich sind ja im Lauf der Geschichte in keinem Namen so viele Gräueltaten verübt worden wie im Namen Gottes.

Von den mittelalterlichen Kreuzrittern über Hexenverbrennungen und die spanischen Eroberer bis hin zum islamischen Gottesstaat: in den letzten Jahrhunderten gab es in fast jeder Weltreligion immer auch jene Fundamentalisten, die sich berechtigt fühlten, ihren „richtigen" Gott notfalls mit Feuer und Schwert einzuführen.

Natürlich werfe ich nicht alle Gläubigen mit den extremen Fundamentalisten ihrer Religion in einen Topf.

Aber die Wegbereiter für solche blutigen Auswüchse waren immer schon kirchliche Institutionen, ihre Prediger und deren Fehlinterpretationen jahrhundertealter „heiliger" Schriften. Und das nicht nur im Islam! Die christlichen Kirchen scheinen ja wenigsten etwas daraus gelernt zu haben – und es ist gut, dass auch sie sich weiterentwickeln und viel antiquierter Ballast derzeit auch hinterfragt wird.

Überzeugt werde ich aber erst sein, wenn alle katholischen Geistlichen heiraten dürfen und eine farbige Päpstin an der Spitze der katholischen Kirche steht…

Zurück zur Schule. Ich meine, dass sich der Religionsunterricht eigentlich schon jahrelang auf dem falschen Weg befindet. Statt das Gemeinsame zwischen den Religionen hervorzuheben und Toleranz und Verständnis zu fördern, werden immer wieder die religiösen und sogar die geringen konfessionellen Unterschiede herausgehoben und eifersüchtig gepflegt.

Das geht so weit, dass die evangelische Minderheit an unserer Schule nicht einmal freiwillig am katholischen Religionsunterricht teilnehmen durfte. Nein, da mussten Schüler aus bis zu zehn verschiedenen Klassen an einer späten Nachmittagsstunde zum Unterricht zusammengefasst werden (natürlich aus finanziellen Gründen). Die Begeisterung dafür kann man sich ja vorstellen.

Es war nicht einmal möglich, dass Evangelische nach Augsburger Bekenntnis (A.B.) und nach Helvetischem Bekenntnis (H.B.) gemeinsam unterrichtet wurden!

Dabei würde ein überkonfessioneller und religionsübergreifender gemeinsamer Unterricht bei unseren Jugendlichen viel mehr an Verständnis für die Andersgläubigen bringen als alle Belehrungsvorträge gegen Radikalisierung, die derzeit von oben herab verordnet werden.

Der Religionsunterricht in unseren Schulen wird aber noch immer durch das letzte Konkordat aus dem Jahre 1933 (!) rechtlich massiv geschützt.

Bei allen Stundenkürzungen der letzten Jahre war es daher auch gar nicht möglich, über eine Änderung oder Kürzung des Religionsunterrichtes ernsthaft zu diskutieren.

Auch das ist ein Anachronismus und eine diesbezügliche Änderung sollte bei einer geplanten Bildungsreform nicht immer von vornherein ausgeklammert werden.

Ein verpflichtender gemeinsamer Unterricht wäre hier wohl der richtige Weg. Ob das Fach jetzt „Ethik" oder einfach nur „Religion" heißt, wäre nebensächlich. Wichtiger wären selbstverständlich auch hier die Inhalte.

Es gibt also für das Bildungsministerium bei allen diesen „Baustellen" in Zukunft noch viel zu tun. Dazu gibt es noch eine ganze Reihe von vergangenen Reformen, die diesen Namen noch nicht wirklich verdienen und dringend überarbeitet werden müssen.

Manche Weichenstellungen für die Zukunft gehen überhaupt in die komplett falsche Richtung – wie zum Beispiel bei der NMS. Unser Bildungszug läuft damit in Gefahr, in einigen Jahren zu entgleisen.

So lange dauert es leider, bis sich Fehlentscheidungen im Bildungswesen wirklich merkbar auswirken.

Die Lehrergewerkschaft – die graue Eminenz im Hintergrund?

Ich habe schon im ersten Kapitel klar ausgedrückt, dass ich sowohl eine funktionierende Personalvertretung an den Schulen wie auch eine zentrale Lehrergewerkschaft für unverzichtbar halte. Sonst wäre die Politik nämlich unter dem Beifall der Boulevardmedien noch viel mehr über die Lehrer „drübergefahren", als es 2013 passiert ist. Wenn sogar ein Bundeskanzler Forderungen stellt, wie die Lehrer hätten ärztlich verordnete Kuraufenthalte ausnahmslos in den großen Ferien zu absolvieren, können die Lehrer froh sein, dass sie tatsächlich eine relativ starke Gewerkschaft haben. Ich glaube ja ohnehin, dass diese Forderung zuerst von der Kronenzeitung gekommen ist…

Obwohl vor dem Beschluss des neuen Lehrerdienstrechts von allen Seiten gehetzt wurde, das Gesetz doch endlich auch ohne die Zustimmung der Lehrergewerkschaft zu beschließen, hat der Widerstand der Gewerkschaft letztendlich doch noch einige

273

der gröbsten geplanten Unsinnigkeiten verhindern können.

Dass das neue Lehrerdienstrecht aber insgesamt noch eine völlig unausgegorene Mixtur aus halbherzigen Ansätzen ist, wird jeder Insider bestätigen.

In den Medien wird die Lehrergewerkschaft häufig als „Bremser" bei den Bildungsreformen bezeichnet. Dabei tut sie ja bei den Verhandlungen nur das, was jede andere Interessenvertretung bei Verhandlungen auch tut: für ihr Klientel zu kämpfen.

Dass sie in vielen Belangen aber tatsächlich sehr schwerfällig agiert, hat mehrere Ursachen.

Die „Lehrergewerkschaft" als homogene Einheit gibt es ja eigentlich nicht, sondern sie besteht aus den Vertretern der unterschiedlichsten Lehrergruppen. Leider gehen da die Interessen oft sehr stark auseinander. Statt Einigkeit und Solidarität zu zeigen, gibt es Animositäten und Neid zwischen AHS- und BHS-Lehrern, zwischen AHS- und NMS-Lehrern, zwischen Bundeslehrern und Landeslehrern, zwischen Beamten und Vertragslehrern, usw. Diese Liste ließe sich wohl noch weiter fortsetzen.

Zudem ist die „Lehrergewerkschaft" fest in der GÖD (Gewerkschaft öffentlicher Dienst) verankert und muss bei ihren Aktionen natürlich auch immer auf die anderen Mitglieder, z.B. bei Polizei oder Bundesheer, Rücksicht nehmen.

Dazu kommt noch, dass auch die Gewerkschaften in Österreich parteipolitisch in Fraktionen organisiert sind und damit praktisch alle Gewerkschaftsvertreter ein Naheverhältnis zu einer politischen Partei haben.

Damit haben viele von ihnen alle hässlichen Unarten aus der Parteipolitik mitgenommen, weil es für sie schon selbstverständlich geworden ist, „parteipolitisch" zu denken und zu agieren.

Es soll ja schon vorgekommen sein, dass „schwarze" Gewerkschafter vernünftige Vorschläge von vornherein ablehnten, nur weil sie von einer „roten" Ministerin kamen und umgekehrt.

An vielen Schulen gibt es ja leider auch statt einer gemeinsamen Interessenvertretung den „roten" und den „schwarzen“ Personalvertreter – die in der Regel aus den entsprechenden gewerkschaftlichen Fraktionen kommen.

Dieses parteipolitische und gruppenbezogene „Kasterldenken“ hat in der Vergangenheit schon oft ein rasches und zielgerichtetes Agieren der Lehrervertretung verhindert. Zudem scheinen Spitzengewerkschafter heute oft genauso volksfremd und abgehoben zu sein wie viele Spitzenpolitiker – sie haben meist gar keine Ahnung mehr, was die Basis wirklich will und braucht.

Ich selbst war mit den Handlungen und Entscheidungen „meiner“ Gewerkschaft in meiner Zeit als Lehrer oft sehr unzufrieden.

Dass im neuen Lehrerdienstrecht die Gehaltskurve flacher verläuft, ist ein Erfolg der Gewerkschaft und das ist gut und sinnvoll. Das etwas höhere Einstiegsgehalt mag vielleicht ein zusätzlicher Anreiz für geeignete junge Leute sein, den Lehrerberuf zu ergreifen. Die Randbedingungen dazu sind aber weit weniger erfreulich - siehe oben.

Mein gewichtigster Kritikpunkt ist aber, dass die Gewerkschaft offensichtlich nicht im entferntesten daran interessiert ist, endlich einmal ein leistungsgerechtes Entlohnungsmodell für Lehrer zu fordern – ganz im Gegenteil.

Es wird zwar auch von den Gewerkschaftern zugegeben, dass die Schüler doch nicht alle gleich sind und daher individuell gefördert werden müssen. Bei Lehrern gilt das aber offensichtlich nicht – vor der Gewerkschaft scheinen tatsächlich alle gleich zu sein - bis auf die parteipolitische Farbe halt…

Es hat mich auch immer wieder gestört, dass unfähige oder faule Lehrer durch die Personalvertretung bzw. die Gewerkschaft massiv geschützt wurden. Oft passierte das auch auf Umwegen über parteipolitische Kontakte. Damit hat man den restlichen Kolleginnen und Kollegen aber stets einen schlechten Dienst erwiesen.

Auch dass in der Vergangenheit einer Lösung wie dem „Supplierpool" bei den höheren Schulen zugestimmt wurde, nach der alle Lehrer die ersten 10 Supplierstunden pro Semester unbezahlt zu halten hätten, hat mich geärgert. Dass die erste Supplierstunde pro Woche gratis zu halten war, zählte ebenfalls zu einer dieser unglücklichen Vereinbarungen.

Dabei geht es mir aber überhaupt nicht um die Mehrarbeit, sondern um die praktische Umsetzbarkeit dieser Vorgaben!

Es ist unbeschreiblich, wie durch diese Regelung der soziale Friede innerhalb der Lehrerschaft an jeder höheren Schule gefährdet wurde.

Der Grund dafür ist klar: eine solche Regelung kann nur zutiefst unfair sein, weil je nach individuellem Stundenplan eines Lehrers ein solcher „Gratis"- Suppliereinsatz eher oder kaum möglich sein wird. Eine wirklich gerechte Aufteilung dieser Zusatzbelastung durch die Schulleitung ist in der Praxis bei einem solchen Modell einfach nicht realisierbar.

Auch beim neuen Lehrerdienstrecht hat man nichts daraus gelernt. Jetzt sind 24 unentgeltliche Supplierstunden pro Schuljahr vorgesehen. Zu erwartende Probleme: siehe oben! Da wäre es wesentlich sinnvoller gewesen, die Vergütung für zusätzliche Supplierstunden generell niedriger anzusetzen, dafür aber eine korrekte individuelle Abrechnung vorzusehen – das hätte zumindest in diesem Bereich für eine soziale Befriedung gesorgt.

Auch beim sogenannten „C-Topf" an den Hauptschulen und Polytechnischen Schulen hat man vor einigen Jahren die zusätzlichen Arbeitsstunden festgelegt, die jeder Lehrer noch außerhalb der Unterrichtstätigkeit und der Vor- und Nachbereitung für die Schule erbringen muss, damit pro Forma die „Solllarbeitszeit" an die restlichen Arbeitnehmer angeglichen wird.

Diese Lösung ist natürlich unter dem Druck der Öffentlichkeit entstanden und hat meines Wissens auch immer wieder zu Problemen innerhalb der Lehrerkollegien geführt, weil auch hier tatsächlich keine individuelle Bewertung der tatsächlich erbrachten Leistung erfolgt ist, sondern von manchen Lehrern eben nur Stunden relativ lustlos „abgearbeitet" wurden. Ein Mehr an echter Leistung ist also auch bei diesem Modell nicht belohnt worden.

Die Zustimmung zu solchen Lösungen durch die Gewerkschaft hat daher zu Recht kaum Applaus bei den wirklich engagierten Lehrern gefunden.

In Gesprächen mit den Gewerkschaftsfunktionären wird von ihnen oft argumentiert, solche Lösungen seien Zugeständnisse für die Erfüllung anderer strittiger Punkte bei den Verhandlungen gewesen. Offensichtlich unterscheiden sich solche Verhandlungen wenig von einem Kuhhandel. Gebt ihr da nach, geben wir dort nach. Wenn das so weitergeht, wird das in Zukunft tatsächlich eine unendliche Geschichte werden.

Was in der Vergangenheit von der Gewerkschaft meiner Meinung nach viel zu wenig transparent gemacht wurde, war das ständige Täuschen der Öffentlichkeit durch das Unterrichtsministerium. Ich erinnere mich noch gut an die Reformen der BHS im Jahre 2003, als die Wochenstundenzahl bei den technisch-gewerblichen Schulen um zwei pro Schuljahr (also insgesamt um 10 Wochenstunden) reduziert werden musste. Das entspricht doch einer Kürzung um etwa 400 Unterrichtsstunden während einer durchschnittlichen Schülerlaufbahn.

Die offizielle Begründung der Ministerin war damals, die armen BHS-Schüler müssten doch endlich zeitlich entlastet werden!

Der wahre Grund war aber eine budgetmäßig vorgegebene Einsparung in Millionenhöhe bei den BHS und BMS. Das wurde aber von der damaligen Ministerin nie öffentlich zugegeben, von der Gewerkschaft in der Öffentlichkeit nie entschieden richtig gestellt und daher in den Medien auch falsch transportiert.

Auch das neue Lehrerdienstrecht ist eigentlich eine Mogelpackung – wieso konnte die Gewerkschaft das der Öffentlichkeit nicht klar machen?

Die Gewerkschaft hat derzeit sicher auch das Problem, dass jeder ihrer Vorschläge, der irgendeinen Vorteil für Lehrer bringen könnte, sofort von vielen

Medien mit dem Etikett „das geht gegen unsere Kinder" versehen wird, egal ob es stimmt oder nicht.

Kommt ja auch gut in der Öffentlichkeit an. Kaum ein Journalist macht sich da die Mühe, sich selbst eingehender zu informieren. Aber ohne die Massenmedien wird auch die Gewerkschaft in Zukunft auf verlorenem Posten stehen – man wird halt auch die „Kronenzeitung" und „Österreich" irgendwann überzeugen müssen…

Unsere Gewerkschaftsfunktionäre müssen sich in Zukunft auch endlich darauf besinnen, gemeinsam und vor allem ohne Rücksicht auf die Parteipolitik für eine vernünftige und grundlegende Reform des gesamten Schulsystems zu arbeiten, statt sich immer in Detailfragen zu verzetteln und nur defensiv auf die Vorschläge des Ministeriums zu reagieren.

Aber für echte Reformen müsste die Lehrergewerkschaft halt auch einmal über den eigenen Schatten springen. „Wohlerworbene Rechte" für Lehrer dürfen dabei auch keine heilige Kuh sein.

Und parteipolitische Interessen hätten eigentlich in einer Gewerkschaft für alle Lehrer gar nichts verloren. Da müsste es doch möglich sein, dass ein schwarzer Gewerkschaftsboss auch einmal einem Vorschlag zustimmt, der von einer roten Ministerin kommt.

Vorausgesetzt natürlich, der Vorschlag ist halbwegs vernünftig. Was ja in der Vergangenheit leider auch nicht immer der Fall war…

Caritas-Direktor Landau hat das in Bezug auf unseren österreichischen Reformstau einmal sehr schön formuliert:
Wir müssen raus aus der ideologischen Sackgasse!
Auch die Lehrergewerkschaft!

AHS gegen BHS und AHS gegen NMS - Krieg der Welten?

Da ich selbst in den letzten Jahren meines Berufslebens an einer BHS tätig war, möchte ich auf diesen Bereich noch einmal kurz eingehen.

Meine eigene Matura habe ich 1968 an einer steirischen AHS – einem sogenannten „Realgymnasium" abgelegt.

Mit dem System der BHS bin ich dann erst relativ spät im Alter von 36 Jahren in Berührung gekommen - zuerst nebenberuflich als Lehrer für Elektrotechnik und zuletzt als Abteilungsvorstand einer Mechatronik-HTL.

Die Systeme AHS und BHS unterscheiden sich trotz des formal ähnlichen Abschlusses mit einer Matura (korrekt eigentlich „Reife- und Diplomprüfung") doch erheblich voneinander – und das nicht nur durch die Ausbildungsdauer (4 bzw. 5 Jahre).

Die BHS haben in Österreich im Vergleich zur AHS aber zwei zusätzliche Probleme.

Erstens ist die mediale und politische Lobby für die AHS wesentlich stärker. Das ist auch nachvollziehbar, wenn man sieht, wie wenige Redakteure, Journalisten und Politiker im Vergleich selbst eine BHS absolviert haben. Einem Journalisten mit AHS-Matura klar zu machen, dass eine HTL in vielen Bereichen mehr mit einem mittleren Gewerbebetrieb als mit einem Oberstufengymnasium gemeinsam hat, ist oft nicht einfach.

Ein typisches Detail dazu: in letzter Zeit kam in den Medien immer wieder die kritische Meldung, dass in der einen oder anderen AHS-Klasse die Schülerhöchstzahl von 25 Schülern überschritten wurde.

Dass es an vielen BHS seit Jahren Standard ist, dass bis zu 36 Schülerinnen und Schüler in den ersten und bis zu 30 in den höheren Jahrgängen sitzen, wurde dagegen kaum jemals in einem Beitrag thematisiert.

Und wenn Journalisten und Politiker von der AHS und ihren Schülerzahlen reden, werfen sie fast immer Unter- und Oberstufe gemeinsam in einen Topf, was das Bild in einer Diskussion ja gehörig verzerrt.

Das täuscht dann ständig darüber hinweg, dass in Österreich schon wesentlich mehr Schülerinnen und Schüler an einer BHS maturieren als an einer AHS.

Es wäre meiner Meinung nach ja überhaupt besser, die Unter- und die Oberstufe der AHS namensmäßig und organisatorisch voneinander zu entkoppeln, das würde die Objektivierung der Diskussionen – auch jene um die Gesamtschule – erheblich erleichtern.

Das zweite große Problem der meisten BHS ist aber, dass sie wesentlich teurer sind als die AHS-Oberstufen.

Die Erklärung dafür ist aber recht einfach, denn berufsnahe Ausbildung bedeutet oft kostspielige Infrastrukturen wie Küchen, Werkstätten oder Labors.

Andererseits kann man Kochen oder Schweißen auch nicht in einem Klassenverband mit 30 Schülern üben.

Das bedeutet Unterricht in relativ teuren Kleingruppen mit vergleichsweise vielen Lehrern, die dazu noch eine entsprechende Berufspraxis mitbringen müssen.

In der Vergangenheit hat man daher bei jeder Lehrplanreform versucht, das System der Berufsbildenden Schulen (BHS und BMS) zu verbilligen, indem man die Praxisstunden nach und nach immer weiter gekürzt hat. Man hat von der Seite des Ministeriums unter anderem auch damit argumentiert, man könne heute ja viele praktische Tätigkeiten schon auf dem PC simulieren!

Jeder von uns weiß aus seinem Physik- oder Chemieunterricht, wo eher etwas hängen bleibt - bei einer Computersimulation oder bei einem realen Experiment (vielleicht sogar noch mit Krach und Gestank).

Außerdem kann man Kochen oder Schweißen wirklich nicht an einem Simulator lernen.

Um unsere berufsbildenden höheren Schulen beneiden uns aber viele andere Staaten. Ich selbst habe immer wieder Delegationen durch unsere HTL geführt, die sogar aus Paraguay oder Südkorea zu uns gekommen sind, um diese im Ausland durchaus geschätzte Ausbildung kennen zu lernen.

BHS-Absolventen haben auch kaum Probleme beim Einstieg ins Berufsleben. Die Arbeitslosenzahlen in dieser Gruppe sind seit Jahren vergleichsweise sehr niedrig. Das zeigt, dass die österreichischen Betriebe diese Ausbildung sehr wohl zu schätzen wissen.

Laut einer Statistik von 2013 werden in Österreich bei mehr als 40% aller Stellenangebote im technischen Bereich neben FH-Absolventen gleichberechtigt auch HTL-Absolventen zur Bewerbung aufgefordert. Das sagt ja schon einiges aus.

Leider passt aber z.B. eine HTL so gar nicht in diesen unseligen „Bologna-Prozess", der in Europa alle Schul- und Studienabschlüsse um jeden Preis vereinheitlichen will.

Es ist ganz typisch für den zunehmende Standardisierungswahn in der EU, dass eine Zeit lang ernsthaft darüber diskutiert wurde, die fünfjährigen BHS in der bestehenden Form so zu verändern, dass sie endlich auch zum europäischen Formalismus passen! Wieso fällt mir gerade jetzt die Gurkenkrümmung ein?

AHS gegen NMS?

Ob AHS oder NMS (bzw. Hauptschulen) parallel weiter bestehen oder eine neue, echte Gesamtschule kommt, halte ich eigentlich für nebensächlich. Dass das „Etikett" einer Schule wohl die geringste Rolle bei unseren Problemen spielt, wurde im Detail auch schon weiter oben erläutert.

Wesentlich wichtiger ist eine dem Leistungsniveau angepasste Förderung in Kleingruppen mit ausreichendem Lehrpersonal, egal wie die Schule letztendlich heißt.

Die gleiche Ausbildung und Bezahlung der Lehrer in der Sekundarstufe I ist einmal eine vernünftige erste Ausgangsbasis für weitere Reformen.

Dass (manche) AHS-Lehrer auf die Hauptschullehrer bis jetzt etwas „herabgeblickt" haben, war sowieso nie gerechtfertigt. Letztere hatten nämlich bei weniger Gehalt oft den schwierigeren Job.

Aber all das oben Geschriebene heißt auf gar keinen Fall, dass ich ein Gegner der AHS bin! Ich bin sehr froh darüber, auch eine humanistische Bildung genossen zu haben.

Es hat mir in meinem Leben als Techniker nie Nachteile gebracht, an einem Gymnasium (noch dazu in meinem Lieblingsfach Latein) maturiert zu haben, sondern hat meinen Horizont lebenslang erweitert.

Ich denke, ich hatte tatsächlich das Glück, mir echte „Bildung" aneignen zu können und nicht nur nützliche „Ausbildung" und „Kompetenzen" mit auf meinen Lebensweg zu bekommen.

Was in diesem Kapitel aber eingefordert werden soll, ist eine Chancengleichheit aller bestehenden Schulsysteme in der medialen Aufmerksamkeit und in der öffentlichen Diskussion.

Es dürfte auch kein Tabu sein, die Rückwandlung aller NMS in Hauptschulen zu diskutieren. Es wird ja gerne übersehen, dass es zwei gravierende Gründe dafür gab, wieso fast alle Direktoren von Hauptschu-

len mit fliegenden Fahnen zur NMS „konvertiert"
sind: der politische Druck von „oben" und mehr
Geld! Die pädagogische Sinnhaftigkeit spielte bei
diesen Entscheidungen sicher eine untergeordnete
Rolle.

Und alle Lehrer, die sich damals kritisch dazu äu-
ßerten und vor einer überstürzten Einführung warn-
ten, wurden von der Schulaufsicht gleich pauschal mit
dem Etikett „reformunwillig = rückständig" versehen.

Zur Chancengleichheit der Schulsysteme gehört
auch, dass eine BHS in einer AHS-Unterstufe endlich
Werbung für ihren Schultyp machen darf – genauso
wie es ja derzeit in den meisten NMS in ihren Infor-
mationsabenden schon passiert.

Nicht wenige AHS-Direktoren lehnen das aber
strikt ab, weil sie sich ja nicht *„die Konkurrenz ins eigene Haus holen möchten"* (wörtliches und selbst gehör-
tes Zitat eines AHS-Direktors).

Dass es letztendlich dabei um die berufliche Eignung und um die Zukunft junger Menschen geht, dürfte ihnen eigentlich nicht egal sein!

Das primäre Ziel unseres Bildungssystems kann es wohl nicht sein, möglichst viele Lehrerarbeitsplätze an der eigenen Schule zu erhalten. Das sollten viele Direktoren, aber auch die Lehrergewerkschaft endlich begreifen.

Dort wo sie benötigt werden, müssen selbstverständlich geeignete Lehrerinnen und Lehrer in ausreichender Zahl beschäftigt werden. Das hat aber ausschließlich im Interesse unserer Schülerinnen und Schüler zu geschehen. Alles andere ist unmoralisch und unfair unserer Jugend gegenüber.

Die Lehre - Ausbildung statt Bildung?

Ich habe es stets als schade empfunden, dass die österreichische Wirtschaft in ihrem „dualen System" mit Vorliebe ihr eigenes Süppchen kocht, statt enger mit dem bestehenden „anderen" Schulsystem zusammenzuarbeiten. Dadurch werden noch immer viele bestehende Chancen vertan.

Ein gutes Beispiel dafür ist der momentane Facharbeitermangel im metallverarbeitenden Bereich.

Es gäbe genug technisch-gewerblichen Fachschulen (BMS) in Österreich, die bei etwas Lobbyarbeit und Akzeptanz von Seiten der Wirtschaft einen guten Teil der dringend benötigten Facharbeiter produzieren könnten. Die Lehrpläne der BMS könnten zu diesem Zweck durchaus noch mehr an die Forderungen der Wirtschaft angepasst werden. Auch verkürzte Schuljahre mit zwei Praxissemestern in einem Betrieb könnte ich mir da gut vorstellen. Es hat ja sogar schon Schulversuche in diese Richtung gegeben, die meiner Meinung nach aber nicht hinreichend von der Wirtschaft unterstützt wurden, weil das halt in deren Augen doch das „fremde" Ausbildungssystem ist.

Gleich zur Klarstellung: ich bin der Meinung, dass in unseren Berufsschulen ausgezeichnete Arbeit geleistet wird, das zeigen schon die Erfolge unserer Lehrlinge bei vielen internationalen Bewerben.

Trotzdem ist es bedauerlich, dass die Wirtschaftskammer in Österreich das berufsbildende Schulwesen mit ihren BMS und BHS geradezu als Konkurrenz statt als wertvollen Partner sieht.

Zur Erklärung: eine BMS ist eine Berufsbildende Mittlere Schule, oft auch „Fachschule" genannt, dauert üblicherweise 3 oder 4 Jahre, und schließt ohne Matura ab. In diese Kategorie fallen z.B. alle technisch gewerblichen Fachschulen, Handelsschulen, LWS (landwirtschaftliche Fachschulen), Hauswirtschaftsschulen, und viele andere mehr.

BMS haben in der Ausbildung einen wesentlich höheren Praxisanteil als andere Schularten und man erwirbt mit dem Abschluss der Schule meist auch einen facheinschlägigen Lehrabschluss (z.B. Koch,

Kellner, Kfz-Mechaniker, Landmaschinentechniker, Maurer, etc.) – also ähnlich wie bei einer klassischen Lehre.

Es ist für mich schon verständlich, dass sich die Betriebe ihre Lehrlinge am liebsten selbst ausbilden würden. Allerdings wird das in Diskussionen nicht immer objektiv begründet. Firmenchefs klagen da, sie müssten einen Absolventen, der von einer berufsbildenden Schule kommt, ja erst einige Monate einschulen, bis er effizient im Betrieb einsetzbar ist. Ja, natürlich ist das so!

Sie vergessen aber dabei, dass sie einem Lehrling am Anfang seiner Ausbildungszeit auch noch ständig auf die Finger schauen müssen, selbst wenn er nur eine Bohrmaschine in die Hand nimmt, auf eine Stehleiter steigt oder eine Gulaschsuppe kochen soll.

Ich bin überzeugt davon: wenn ein durchschnittlich begabter Jugendlicher mit einer abgeschlossenen fachlichen Grundausbildung aus einer Fachschule in einen Betrieb kommt, wird er die innerbetrieblichen Abläufe und die speziellen handwerklichen Kniffe in einigen Wochen auch erlernen und damit zu einem brauchbaren Mitarbeiter werden.

Die österreichische Wirtschaft mit ihren Kammern hat aber immer schon versucht, eigene Wege abseits der vorhandenen Bildungseinrichtungen zu gehen – nicht nur bei der Lehrlingsausbildung.

Sie setzt zum Beispiel lieber auf ein eigenes Modell wie „Lehre mit Matura", das meiner Meinung nach völlig am erwünschten Ziel vorbeigeht. Man wollte damit offensichtlich die Lehre attraktiver machen und mehr Lehrlinge und damit letztendlich mehr Facharbeiter für die Betriebe bekommen. Ich glaube aber nicht, dass das wirklich so funktionieren wird.

Wer in der Unterstufe schon gute Schulerfolge hat, wird sich zumeist sowieso für den direkten Weg zur Matura an einer höheren Schule entscheiden.

Diejenigen, die aber im Rahmen ihrer Lehrlingsausbildung die Matura schaffen, werden danach kaum als Facharbeiter in ihrer Firma bleiben, sondern höhere Positionen oder sogar ein Studium anstreben. Das heißt, den bestehenden Facharbeitermangel wird man durch diese Ausbildungsschiene wohl kaum beheben können.

Die Lehre könnte man dagegen durch geeignete gesetzliche Korrekturen auch ohne Matura attraktiver machen. Die modernen Lehrpläne der Berufsschulen können heute auch echte Allgemeinbildung ergänzend zur rein fachlichen Ausbildung vermitteln.

Das ist gut so – braucht aber nicht unbedingt die Matura als Abschluss.

Aber der hier eingeschlagene Weg hängt sicher auch damit zusammen, dass die Wirtschaftskammer sich ihre „schwarzen" Berufsschulen und Bildungseinrichtungen erhalten und weiter ausbauen möchte. Es geht auch bei einem Thema wie „Lehre mit Matura" viel öfter um Macht und Geld, als das in der Öffentlichkeit zugegeben wird.

Sogar im tertiären Bildungssektor wollen die Sozialpartner (deren Mitglied die Wirtschaftskammer ja ist) eine eigene Schiene aufbauen, die sogenannten „Berufsakademien" - zum Teil als direkte Konkurrenz zu bestehenden Fachhochschulen! Begründung: auch ein Handwerksmeister soll seinen Masterabschluss machen können.

Liebe Sozialpartner, bleibt bitte am Boden. Ist dafür eine eigene Schiene wirklich notwendig? Und bringt es der österreichischen Wirtschaft wirklich mehr, wenn der Tischlermeister einen Abschluss als Master hat?

Zurück zum Facharbeitermangel. Der ist derzeit wirklich ein ernst zu nehmendes Problem in der österreichischen Wirtschaft. Er wird zudem von Jahr zu Jahr gravierender und die Lage wird sich auch nicht verbessern, wenn man jedem Facharbeiter eine Matura verspricht – die braucht er nämlich in Wirklichkeit nicht.

Wenn das duale Ausbildungssystem auch weiterhin genug Facharbeiter produzieren soll, muss es auch für die Betriebe mehr Anreize, ja vielleicht sogar Zwänge geben, Lehrlinge auszubilden. Ein Betrieb, der Lehrlinge ausbildet, müsste dafür noch viel mehr unterstützt werden als dies jetzt der Fall ist. Eine Firma mit mehr als 10 Mitarbeitern, die keine Lehrlinge ausbildet, sollte dagegen einen angemessenen Betrag in einen Ausbildungstopf einzahlen müssen.

Stattdessen Lehrlinge staatlich über BFI oder AMS auszubilden ist sowieso ineffizient! Das ist übrigens die dritte parallele Ausbildungsschiene für Lehrlinge in Österreich – und auch die weitaus teuerste!

Laut IBW Österreich (Institut für Bildungsforschung der Wirtschaft) kostet eine Lehrlingsausbildung einem Betrieb jährlich 5654.- €. Wird der Lehrling von AMS oder BFI ausgebildet kostet er aber 17.270.- € pro Jahr!

Wieso kann man dann einen Betrieb, der Lehrlinge ausbildet, nicht mit einigen Tausend Euro pro Jahr direkt fördern? Das wäre doch weitaus effizienter!

Übrigens, zum Vergleich: ein BMHS-Schüler kostet dem Staat jährlich 9.528.- €, also immer noch deutlich weniger als die „staatliche" Lehrlingsausbildung.

Stattdessen starten Staat und Wirtschaft zusammen fragwürdige Experimente, wie z.B. Jugendliche, die keine Lehrstelle gefunden haben, zusammenfassen und zu Mechatronikern ausbilden zu wollen. So ein Desaster habe ich selbst vor einigen Jahren miterlebt.

Wieso soll ein Jugendlicher, der wegen seines schlechten Schulabschlusses oder mangels Arbeitswilligkeit keine Lehrstelle als Maler, Mechaniker oder Friseurin gefunden hat, plötzlich dazu geeignet sein, eine (doch relativ anspruchsvolle) Ausbildung als Mechatroniker abzuschließen?

Ich habe bei diesem Projekt auch erlebt, wie dafür eigentlich gar nicht qualifizierte Lehrer vom AMS oder BFI kurzerhand angeworben und für die Fachausbildung bei solchen Kursen eingesetzt wurden.

Diese Steuergelder zur Lehrlingsausbildung von „problematischen" Jugendlichen könnte man wohl sinnvoller in anderen Ausbildungsschienen einsetzen!

Trotzdem werden solche Projekte von Wirtschaftsbossen und Landespolitikern immer wieder stolz medial präsentiert, ohne dass sich irgendjemand getraut, sich kritisch dazu zu äußern. Der Hauptzweck solcher Aktionen ist es natürlich, jugendliche Arbeitslose zumindest für einige Zeit von der Straße zu holen – was ja prinzipiell ein guter Gedanke ist.

Das beruhigt die Öffentlichkeit, schönt die Arbeitslosenstatistik und bringt vielleicht sogar Wählerstimmen. AMS, BFI oder WIFI verdienen gut daran, und wenn es nicht so funktioniert, wie angekündigt, dann läuft das Projekt in einigen Jahren heimlich, still und leise aus…

Solche wenig sinnvolle Aktionen gibt es schon seit Jahrzehnten.

Ich selbst war noch zu Bundeskanzler Vranitzkys Zeiten nebenberuflich als Trainer im WIFI tätig, und habe dort erlebt, wie arbeitslose Jugendliche im sogenannten NAP (Nationaler Aktionsplan) zusammengefasst wurden, um sie zu Lehrlingen auszubilden.

Ich machte damals die fachliche Ausbildung bei den zukünftigen Elektrikern. Eine junge Dame war auch unter meinen Schützlingen. Sie wirkte im Unterricht immer ziemlich lustlos und ließ sich so überhaupt nicht motivieren. In einer Pause habe ich dann irgendwann den Grund dafür erfahren: Sie wollte eigentlich Friseurin werden, wurde aber dann zu den Elektrikern eingeteilt, weil da gerade ein Kurs anlief!

Dass sie nach einigen Monaten das Handtuch geworfen hat, ist eigentlich nachvollziehbar. Das WIFI hat aber während ihrer Ausbildungszeit für sie mehrere tausend Schilling pro Monat vom Staat bekommen. Die gesamte Drop-Out-Rate bei solchen Kursen lag übrigens damals im Burgenland bei fast 35 Prozent – also wesentlich höher als bei jeder Berufsschule oder Berufsbildenden Mittelschule.

Nochmals kurz zusammengefasst: arbeitslosen Jugendlichen eine Perspektive durch staatlich geförderte Ausbildung zu geben, ist sinnvoll und notwendig.

Mich stört nur die verschwenderische und trotzdem ineffiziente Art, wie das seit Jahren in Österreich passiert.

Aber zurück zu unseren Unternehmen und ihren Lehrlingen.

Die mindestens dreimonatige Probezeit für Lehrlinge in den Betrieben ist sicher sinnvoll. Man muss diese Zeit wohl beiden Seiten zugestehen, um sich ein realistisches Bild vom zukünftigen Partner machen zu können. Die oben vorgeschlagene direkte staatliche Förderung soll es aber nur geben (ev. rückwirkend), wenn der Lehrling tatsächlich seinen Lehrabschluss schafft. Das würde einen Missbrauch der Förderungen verhindern und auch sicherstellen, dass die Lehrlinge in den Betrieben solide ausgebildet und nicht nur als reine Hilfsarbeiter eingesetzt werden.

Anzumerken wäre auch noch, dass die Gesetzgebung zum Arbeitnehmerschutz im Bereich der Lehrlingsausbildung dringend reformbedürftig ist. Was soll ein Bäcker mit einem Lehrling, der nicht um 4 Uhr früh in der Backstube arbeiten darf, oder ein Maler mit einem solchen, der nicht auf eine fahrbare Arbeitsbühne steigen darf - obwohl die nachweislich sicherer als eine Stehleiter ist?

Hier ist wohl von übereifrigen Beamten wieder einmal kräftig über das Ziel geschossen worden. Kein Wunder, dass es sich jeder Betrieb dreimal überlegt, bevor er einen Lehrling aufnimmt.

Auch dass Schüler und Studenten bis zum 27. Lebensjahr bei der Sozialversicherung ihrer Eltern mitversichert sein können, der Lehrherr aber für seinen sechzehnjährigen Lehrling schon die Sozialversicherung zahlen muss, ist so eine Ungereimtheit im System.

Um auch wirklich geeignete Lehrlinge für unsere Betriebe zu bekommen, muss natürlich sichergestellt werden, dass sie ausreichend Lesen, Schreiben und Rechnen können. Dieses Problem unserer Grundschul- und Unterstufenausbildung wurde ja schon angesprochen und muss natürlich parallel dazu dringend gelöst werden.

Auch eine gewisse Leistungsbereitschaft muss unseren Kindern spätestens in der Volksschule anerzogen werden. Die Ansicht, dass in der Bildung alles mühelos, spielerisch und lustig erreicht werden kann, so wie das einige unserer „Edutainment-Experten" immer wieder behaupten, wird ihnen leider keine brauchbare Arbeitshaltung vermitteln können. Aber genau die brauchen Lehrlinge auch - genauso wie Gymnasiasten oder Studenten.

Und die Polytechnischen Schulen dürfen - schon im Interesse der Wirtschaft - nicht ersatzlos verschwinden. Wie schon oben angedeutet, könnte ich mir vorstellen, diese z.B. in eine BMS zu integrieren oder in eine fünfte Klasse einer NMS umzuwandeln.

Der oben angesprochene Facharbeitermangel in Österreich ist ein Problem, das letztlich auch unsere gesamte Bildungslandschaft betrifft.

Denn nur eine gesunde und gewinnbringende österreichische Wirtschaft kann auch die notwendigen Steuergelder liefern, die wir letztendlich brauchen werden, um alle die anstehenden Reformen – von der Bildungsreform bis zur Verwaltungsreform - finanzieren zu können.

Ausblick

Man kann mir vorwerfen, ich sei ein Pessimist. Aber meine langjährigen Erfahrungen im österreichischen Bildungssystem und vor allem die vielen halbherzigen Reformansätze mit den unzähligen Schulversuchen der letzten Jahre lassen mich für die Zukunft nicht viel Positives erwarten.

Wie soll es eine Regierung schaffen, das gesamte Bildungssystem oder die komplette Verwaltung zu reformieren, wenn es jahrelang nicht einmal möglich war, vernünftige Regelungen für den Nichtraucherschutz festzulegen oder unsere Asylanten menschenwürdig unterzubringen?

Echte und wirksame Reformen im Bildungsbereich würden voraussetzen, dass Politiker und Gewerkschafter endlich aufhören, nur parteipolitisch zu denken, dass Landeshauptleute endlich aufhören, immer mehr Macht anhäufen zu wollen, und dass die Medien sich endlich von der Politik unabhängig machen und objektiv über das System Schule berichten.

Statt auf die klassenfernen „Experten" und Gutmenschen zu hören, müssten bei den Reformen endlich jene Gruppen zu Wort kommen, die es wirklich betrifft: Eltern, Schüler und Lehrer!

Dazu bräuchte man noch ein völlig geändertes Ausbildungssystem und ein vernünftiges, leistungsorientiertes, bundeseinheitliches Dienstrecht für alle Lehrer. Das als „großer Wurf" 2013 verabschiedete Lehrerdienstrecht verdient ja diesen Namen nicht einmal – es sollte besser Lehrerdienstunrecht heißen.

Es ist und bleibt eine beschämende und unwürdige Anhäufung von halbherzigen Möchtegern - Reförmchen.

Und das Wichtigste zuletzt. Man kann solche Reformen nicht ohne entsprechende zusätzliche finanzielle Mittel umsetzen. Solange die Politik nicht gewillt ist, das zu akzeptieren, brauchen wir auch die ganzen Reformansätze und Etikettenschwindel der letzten Jahre nicht.

Diese ständigen Versuche, möglichst ohne zusätzliche Kosten das Bildungssystem in Miniportionen zu reformieren, haben eigentlich bis jetzt nur laufende Verunsicherung bei allen Beteiligten gebracht.

Es laufen zwar seit Jahren hunderte von verschiedenen Schulversuchen in unserem Bildungswesen – es wurde aber kaum einer objektiv und umfassend evaluiert.

Ganz im Gegenteil: die NMS wurde flächendeckend eingeführt, ohne die vorangegangenen Schulversuche dazu wirklich wissenschaftlich auszuwerten. Wahrscheinlich hätte das Ergebnis nicht ins politische Konzept gepasst. Evaluiert wurde sicherheitshalber erst nach der Einführung - mit den bekannten Ergebnissen.

Ordentlich oder gar nicht, müsste die Devise für alle zukünftigen Reformen – oder noch besser für die eine große Reform des Bildungssystems - lauten.

Zu viele und zu utopische Forderungen, meinen Sie? Sie haben wahrscheinlich Recht.

Aber vielleicht geschieht das Wunder, und alle maßgeblich handelnden Personen können über ihren eigenen Schatten springen.

Ich würde es mir für unsere Kinder wünschen.